Voor je verder leest...

In dit boek vind je verwijzingen naar onder andere podcasts, vlogs en handige linkjes. Met de *Appaview*-app kan je deze linkjes openen. Deze app kan je gratis downloaden in de App Store of Google Play Store.

Hoe werkt het?
Als je een ⬚ icoontje in het boek tegenkomt, betekent dit dat deze pagina gescand kan worden. Open de app en scan de (volledige) pagina met je camera. Vervolgens wordt de bijhorende link geopend.

Inhoud ♥

Voorwoord	004
De bevalling	008
De kraamweek	014
Love is (almost) all you need	020
(Borst)voeding	032
Mijn seks is weg	038
Hang in there	044
Slaap, kindje, slaap	064
Baby sensory	082
Baby- en kindergebaren	088
Speelgoedtips	092
Kinderkledingtips	096
Hap, hap, hap, slok, slok, slok	114
Oma's groentesoepje	122
Eiersalade	128
Pip's smoothie (bowl)	132
Spinazie met bruin	138
Positief opvoeden	142
Mindful	174
Ik ga op reis en ik neem mee	188
Inpakken en wegwezen	194
Inspirerende kinderkamers	204
Familieopstelling	270
Mom, you got this	296
Extra tips & bronnenlijst	300
Dankwoord & colofon	302

Leukste Familyproof Overnachtingen in NL

De allerlekkerste Groentesoep

IN GESPREK MET

Je baby leren begrijpen met Melanie Visscher   054
Kinderslaapcoach Susanne Willekes   068
Lou Niestadt over positief ouderschap   158
Moedercoach Marjolein Mennes   176
Mijn vriendinnen Emmy & Merel   276

Inspirerende Kinderkamers

20/11/2014

tekst blog: www.dehuismuts.com

Mijn grote wens is: kinderen. Het liefst in drievoud en misschien wens ik er zelfs wel vier. *Who knows?!* Nou heb ik de leukste man van de wereld met wie ik, denk ik, ook de leukste kinderen op de wereld kan zetten. Dus wat dat betreft zit het wel snor. Ondanks dat dit 'plan' niet op de kortetermijnplanning staat, baart het mij toch enigszins zorgen...

Oké, tuurlijk. Het ouderschap is het mooiste wat je kan overkomen. Oh man, je krijgt er zoveel voor terug en het is het allemaal waard. Met 'allemaal waard' wordt dan, denk ik, bedoeld: de gebroken nachten, de chronische vermoeidheid, de poepluiers, je ooit zo kekke garderobe die alleen nog maar uit comfortabele outfits bestaat, een pijnlijke onderrug, beperkte vrijheid en er een halfuur over doen, voordat je de deur uit bent. En als je eenmaal de deur uit bent, word je in de autospiegel geconfronteerd met een blotebillengezicht en een *just-out-of-bed coupe,* zoiets?

Nou, laten we dan de poepluiers, de pijnlijke onderrug en de beperkte vrijheid op de koop toe nemen. Dan neem ik graag het thema 'kinderen en comfortabel leven' onder de loep. Ik weet waar ik over praat als parttime gastouder, hoor. Elke maandag en dinsdag (de dagen dat ik als gastouder werk) wordt mijn outfit zorgvuldig geselecteerd op de volgende drie criteria: 1. Zit het lekker? 2. Mag er kots en snot overheen komen? 3. Is het geschikt om er minimaal twee keer, inclusief kind op de arm, mee de trap op en af te lopen? Een groot deel van mijn garderobe valt dan af. Wat overblijft, is een verdwaalde broek die zich achterin mijn kast bevond en een shirt waarvan ik het bestaan niet eens meer afwist. Vooralsnog kom ik nog weg met deze outfits onder het mom van 'bedrijfskleding'. Ik ben immers aan het werk. Ooit komt er een dag dat dit werk mijn dagelijkse kost wordt met mijn eigen kroost. En *hell no,* ik wil helemaal geen comfortabele moeder zijn! Ik wil *shinen* achter die Bugaboo met glanzend haar en met minstens wat mascara op mijn toet. Oké, glanzend haar is misschien iets te hoog gegrepen, maar haar zonder dode punten moet wel haalbaar zijn, toch?

Tot slot wil ik nog één kleine zorg uitspreken. Wie mijn bio op mijn blog heeft gelezen, weet dat ik 's nachts schrijf over de dromen die ik overdag krijg. Zodra de nacht aanbreekt en de wereld voor mijn gevoel tot stilstand is gekomen, begin ik met het schrijven van artikelen. 's Nachts ben ik op mijn best. Heerlijk kan ik dan urenlang typen; in alle rust, zonder prikkels en met alleen mijn eigen gedachten die ik dan zelfs 'hoor'. Een luxe zou ik het bijna noemen, want met een beetje pech zijn ook baby's 's nachts op hun best. Ach, we zien het wel.

Ik prop mijzelf tegen die tijd in ieder geval in mijn *high waisted* jeans, ik voorzie mijn wimpers van een lik mascara en blijf gewoon Huismuts artikelen schrijven in de nacht. Mocht dit alles niet lukken? Dan weet ik in ieder geval... Het is het allemaal waard.

Liefs Rachel

FOTO EMMA PEIJNENBURG

6 jaar en 2 kinderen later...

Wat ik op het moment van schrijven nog niet wist, was dat wij er vijf maanden later hartstikke aan toe waren; mijn eierstokken uit haar voegen rammelden en de pil niet langer een vriend, maar een vijand werd. Weg ermee. Vier maanden later zaten we in het vliegtuig naar Ibiza. De man die in het vliegtuig naast ons zat, begon over de magie van het eiland en waarschuwde ons dat de snelheid van het mannelijk zaad daar toeneemt *(true story!)*. Een week later namen we het mooiste souvenirtje van Ibiza mee; ik was zwanger!

Of ik nou 'Help' of 'Hoera' riep, toen ik een positieve test in mijn handen had, laat ik even in het midden. Ik kan niet ontkennen dat ik lichte paniek voelde. Het was ineens zo definitief, wilden we dit wel? We hadden het toch leuk samen, moest daar écht verandering in komen? Ik ijsbeerde door de kamer met mijn handen letterlijk in het haar. Willem probeerde contact met mij te maken, omdat hij wilde peilen wat ik ervan vond. Ik had geen idee, wat vond ik er eigenlijk van? In één plasbeurt was mijn leven veranderd en stond ik voor *the biggest challenge of my life*. In die *challenge* neem ik jullie mee. We gaan langs al mijn obstakels, uitdagingen, successen en falen als moeder. Ik ga in gesprek met experts en duik in de mooiste kinderkamers. Pak dit boek vast als mijn hand die je meeneemt door alle fases. Pik eruit wat je inspireert en blader snel door bij alles wat je niet aanspreekt. Want *in the end...* doe ik natuurlijk ook maar wat.

De bevalling
14/04/2016

Rachel: Pin me nergens op vast maar ik word net wakker
met kramp in m'n onderbuik
03:01

Co: OMG echt??
03:01

Rachel: Ja
03:01

Co: Kramp in de onderbuik
even denken wat Amber ook alweer zei
03:01

Rachel: Weet niet of het zo weggaat
03:02

Co: Het begon met rommelen
krampachtige pijntjes
03:02

Rachel: En dus loos alarm maar ik
ben er wel wakker van geworden
03:02

Co: Hmmmmmm
Jor had er nog over gedroomd
03:02

Rachel: Typisch menstruatiepijn wat
ze beschrijven overal al begin bevalling
03:02

Rachel: Nu is het meer een zeurderig gevoel en net waren
het krampen die kwamen en gaan
03:05

Rachel: Ik ga even kijken of ik slaap terug kan pakken

03:05

Co: Hmmmm ja goeie

03:05

Rachel: 👍

03:05

Co: Ik heur het wel...

03:06

Rachel: Keep u posted ;-)

03:06

Co:

03:06

Rachel: Oke fack... ik stel me niet aan. Het doet echt pijn

03:16

Co: Heb je dat vaker gehad?
Dit gevoel?

03:18

Rachel: Nee en nu is het weer iets rustiger... nja we zien het wel haha

03:20

05.30 uur: Willem wordt wakker, omdat hij een vroege dienst heeft. Ik vertel hem over de menstruatieachtige krampen van vannacht... →

Willem vraagt of hij thuis moet blijven, maar ik geef aan dat het wellicht loos alarm is. Hij moet maar gewoon gaan werken. Als het zover is, kan hij toch snel genoeg thuis zijn.

06.00 uur: Willem stapt uit bed om te gaan douchen en ik schrik mij wild. Wat is dit? Plas ik in mijn broek? In een *split second* vraag ik mij af wat mij overkomt en dan valt het kwartje... Mijn vliezen zijn gebroken.

We kijken elkaar beduusd aan. Ik hield mezelf niet voor de gek vannacht... Pip komt er écht aan.

Willem twijfelt geen seconde, ondanks dat ik aangeef dat het ook nog uren kan duren voordat de weeën komen. Hij gaat niet werken. Hij wil van het bed weglopen en glijdt bijna uit over mijn vruchtwater. Hij weet zichzelf net op tijd terug in balans te brengen.

07.00 uur: Ik bel mijn moeder en mijn zus en vertel dat mijn vliezen zijn gebroken. Willem belt de verloskundige.

Tussen **07.00 en 08.30 uur** dwarrel ik wat door het huis en probeer ik te ontspannen.

08.30 uur: De eerste wee. Oef... Dit gaat nog wel. Als dit het is?

08.45 uur: De tweede wee. Precies zoals mij is verteld: een golf van pijn die zachtjes op komt zetten, piekt en weer afneemt. Nog steeds is het prima te doen.

08.51 uur: Oh... Deze komt al sneller dan de vorige.

08.59 uur: *And again...*

09.00 uur: Willem belt Evelien, onze verloskundige, hij vertelt haar dat de weeën aan het toenemen zijn. Evelien rijdt nog één visite en komt dan onze kant op. Ondertussen is Co binnengekomen (ze woont onder ons) en ondersteunt mij, terwijl Willem met Evelien belt.

Tot aan **10.00 uur** blijven de weeën met regelmaat komen en worden ze ook steeds krachtiger.

10.00 uur: Evelien komt binnen. Wat een opluchting! Ze wil mij toucheren, maar door mijn rugweeën is op mijn rug liggen een ware marteling. Ik zet mijn tanden op elkaar en ze voelt... Drie centimeter ontsluiting.

Evelien ziet dat de weeën, ondanks dat zij er is, zich in rap tempo opvolgen. Ze legt ons uit dat de weeën vaak even afnemen, zodra de verloskundige er is, maar dat was in dit geval niet aan de orde.

Ze schat de situatie perfect in en handelt meteen: ze belt naar het bevallingscentrum.

10.15 uur: Co en haar vriend Jorden haasten zich naar buiten om onze auto te halen en deze zo dicht mogelijk bij de ingang van de Albert Cuyp te krijgen.

10.30 uur: Willem pakt de laatste spulletjes, Evelien helpt mij met aankleden en ik bereid mij er mentaal op voor dat ik met weeën over de Albert Cuypmarkt moet lopen.

10.45 uur: Puffend en af en toe hangend aan een marktkraam vinden we onze weg naar de auto. Evelien zal nog één visite rijden en komt daarna ook naar het bevallingscentrum.

11.00 uur: We komen aan. Willem grist wat kleingeld uit de vluchtkoffer en haalt een rolstoel. De voorbijgangers geven mij een meelevend knikje en in de lift wenst een verpleegkundige mij succes.

OLVG West (in Amsterdam) heeft een speciale vleugel met bevalkamers. Het heeft niks met een ziekenhuis te maken en je ziet hier geen dokters in witte jassen. Als er nood aan de man is, ben je een vleugel verwijderd van medisch personeel. Een fijne gedachte! Een kraamverzorgster ontvangt ons en ik voel me rustig worden. Wat is het hier fijn! Fijn licht, een roze gang en weg van de hectiek van een ziekenhuis.

De kraamverzorgster brengt ons naar mijn kamer, zeg maar gerust: een suite. Ze laat het bad vollopen waarin ik graag wil bevallen en ik kleed mij uit. Ik wil als de wiedeweerga in bad, zodat ik in het water mijn weeën kan opvangen.

12.00 uur: Het bad is fijn en ik kan mij in alle houdingen wringen die verlichten. Maar er ontstaat paniek in mijn hoofd... Ik voel een druk. Moet ik poepen? Wat is dit? Ik weet niet wat ik moet doen. Evelien moet komen!

12.10 uur: Het bevalverslag (geschreven door Evelien) beschrijft letterlijk: *Willem belt. Rachel heeft het zwaar. Ik kom er nu aan!*

12.15 uur: *Rachel in bad. Heftige weeën. Vangt ze goed op. Geeft al wat druk aan.*

Kort hierna wil ik uit bad. Ik trek het niet meer. Ik krijg geen rust meer. De weeën blijven komen. Een storm van weeën raast door mijn lichaam en ik weet letterlijk niet meer waar ik het zoeken moet.

12.35 uur: Het verslag luidt: *8 cm ontsluiting. Prachtige vordering! Rachel wil niet terug in bad.*

Ik smeek om pijnbestrijding, maar het gaat te snel. Pip zal er al zijn, voordat de medicatie goed en wel werkt.

Aan de ene kant is het een geruststellende gedachte en aan de andere kant gaat het mij allemaal veel te snel. Ik ben vólkomen de controle over mijn lichaam kwijt. Ik laat Willem geen seconde los en ook hang ik aan het been van Evelien. Ik heb zo'n drang. Laat me alsjeblieft persen! →

Ik moet nog even volhouden en met man en macht zucht ik mij een eind in de rondte. Die vreselijke, vreselijke persdrang waar ik niet aan toe mag geven, is afschuwelijk. Ik vecht tegen de kracht van de natuur en ik luister goed naar de aanwijzingen van Evelien. Waar zou ik toch zonder haar zijn? Ze is fantastisch. Ze is rustig én duidelijk. Als ik maar goed naar haar luister, komt het goed. Dat moet ik mezelf blijven zeggen, zodat ik de paniek de baas kan blijven.

13.02 uur: Ik kan niet meer. Ik kan het écht niet meer wegzuchten. *Druk steeds meer. Kan niet meer wegzuchten. Heftige persdrang, baarkruk klaargezet.*

13.05 uur: *Eerst een paar keer wat meegedrukt. Nu start actief persen op kruk.*

Terwijl ik op de kruk zit en in Willems armen hang, coacht Evelien mij.

13.31 uur: *Klein segment op ww te zien. Rachel gaat verder persen in bad.*

Het persen heb ik zwaar onderschat. Een paar keer druk zetten en je baby is er, dacht ik zo...

... maar het persen is kei- en keihard werken. Op aanwijzing van Evelien pers ik of zucht ik. Voor elk stukje dat Pip verder komt, voelt het alsof ze bij het loslaten weer twee keer zover terugschiet. Evelien vertelt mij dat Pip écht verder komt, dat ze al haartjes ziet en ik niet op mag geven. Ze komt eraan. Écht!!

Ook Willem drukt mij op het hart dat ze er écht aankomt en hij moedigt mij harder aan dan je een bondscoach van het Nederlands Elftal ooit hebt zien doen. En ze hadden gelijk. Natuurlijk hadden ze gelijk. Pip was er bijna.

13.44 uur: *Middensegment te zien op ww. Mooie vordering.*

13.48 uur: *Segment blijft staan*

13.51 uur: *Caput staat*

13.54 uur: *Sp in aav geboren (schouders volgen niet makkelijk, dus caput flink sacraal bewogen door EG), meisje Pip geboren. AS 9/10/10. Gewicht 3870.*

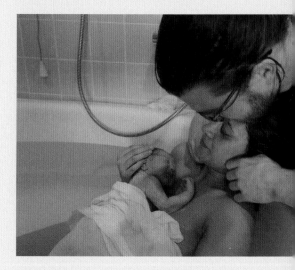

Half geen idee wat hierboven staat beschreven, maar dat maakt niet uit. Om 13.54 uur op 14 april is Pip geboren! Wij kwamen samen in bad bij van deze intense reis.

Mijn bevalling was absoluut niet spiritueel. En als dat wel het geval was, dan heb ik er echt helemaal niks mee, terwijl ik daar normaal toch echt wel een handje van heb. Een mooie reis wil ik het ook niet noemen. Het was gewoon hardcore doorbeuken, een weeënstorm wegwerken en persweeën wegpuffen, omdat ik nog geen tien centimeter ontsluiting had. Ik heb nog nooit zoiets naars meegemaakt, kan ik je zeggen. Willem trouwens ook niet, hij stond een beetje ongemakkelijk gehurkt tussen bad en toilet om mij te ondersteunen. 'Pure verzuring', zo omschreef hij het. Voor ons beiden is het maar goed dat hij dit pas later heeft verteld.

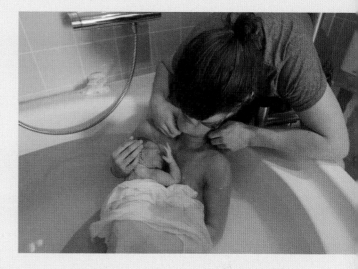

Het riedeltje van 'wee, rust, wee, rust, wee, rust' ging voor mij niet op, omdat de ene wee erin hakte, terwijl de andere nog niet eens was afgelopen. Ik kon mij niet voorstellen dat ik ooit nog aan een bevalling zou beginnen en toch voelde ik op het moment van schrijven een trappelend kindje (Rosie) in mijn buik. Voel je 'm al aankomen? Het was het allemaal waard. ■

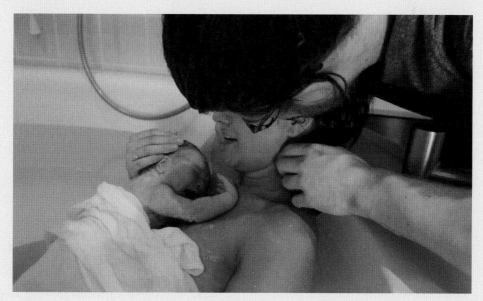

De kraamweek

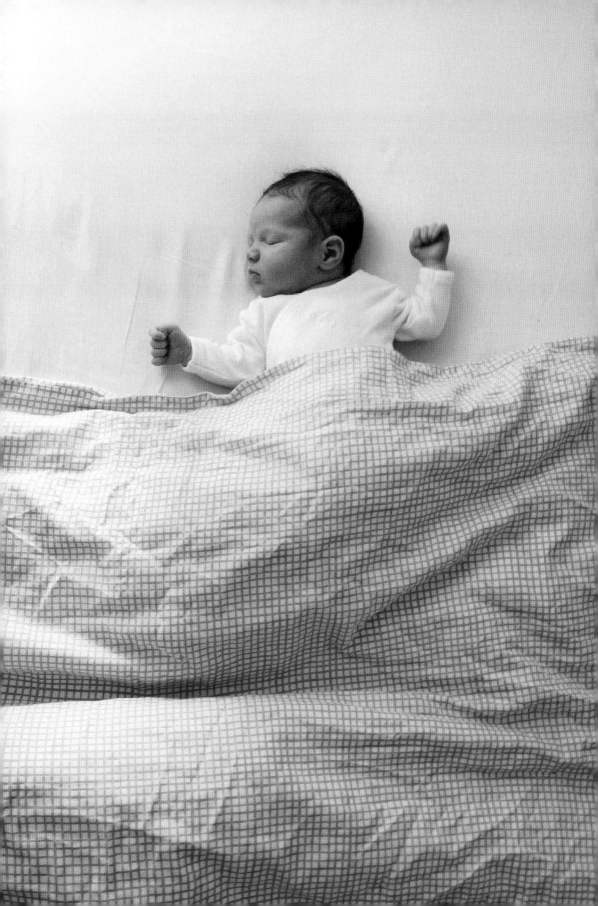

NA MIJN BEVALLING VIEL IK VAN DE ENE VERBAZING IN DE ANDERE

Deze dingen

Noem mij naïef of onvoorbereid, maar geloof mij als ik je zeg dat ik mijn oren en ogen echt niet heb gesloten voor horrorverhalen en (on)smeuïge details rondom bevallingen. Maar sommige dingen zijn mij gewoon niet verteld! Onder het mom van 'Een slimme meid is op haar toekomst voorbereid', ben ik de beroerdste niet en deel ik ze met je.

Bloedstollingen

Alle vrouwen die zijn bevallen weten waar ik het over heb, maar wanneer je zwanger bent, rept niemand erover. Na de bevalling verlaten bloedstolsels zo groot als een nier via je flamoes het lichaam. Ik wist niet wat mij overkwam, toen ik tijdens een toiletbeurt een gigantisch, rood, flubberig ding zich tussen mijn benen een weg naar de wc-pot zag wurmen. In een milliseconde gingen er 1001 gedachten door mij heen. Komt daar nog een kind? Heeft mijn baarmoeder zich losgelaten? Wat is dit??? Het was een bloedstolsel, zo bleek later. En een flinke ook. De plens in de wc-pot kende zo'n grote kracht dat ik blij was dat ik mijn bril op had.

zijn mij niet verteld

Overreden door een vrachtwagen

De uitdrukking 'Het voelt alsof ik door een vrachtwagen ben overreden' moet door een vrouw die net is bevallen verzonnen zijn. Kán niet anders. Voor de zwangerschap zette ik deze vooral in, wanneer ik dacht dat deze kater het einde van mijn leven betekende; ik weet nu wel beter. Na een bevalling ben je pas écht overreden door een vrachtwagen. Wat zeg ik? Door twee.

Plassen onder de douche

Tijdens het persen houdt de verloskundige een brander onder je flamoes. Althans, zo voelt het. Ondanks dat ik er *down under* zonder kleerscheuren vanaf ben gekomen, is plassen zonder verlichting van water geen optie. De eerste week zal je tijdens iedere plasbeurt op de wc worden vergezeld door een spuitfles (tip!) of een flesje (lauw) water. Tanden op elkaar en gaan.

Onderbroeken

Dat je grote onderbroeken nodig gaat hebben in je kraamweek is absoluut niet gelogen, maar met een maatje XXL, terwijl ik normaal gesproken een M draag, ging ik mooi niet wegkomen. De onderbroeken van mijn man Willem waren daarentegen dé uitvinding in mijn nog maar prille moederschap. Deze onderbroeken leken wel gemaakt voor het kraamverband. Een groot ongemak werd zo toch nog iets dragelijker. Letterlijk. →

Poepen

Laten we het beestje maar gewoon bij de naam noemen. Van het idee dat vrouwen 'bloemetjes poepen' zijn mannen na de bevalling sowieso wel teruggekomen. De eerste keer poepen na de bevalling is letterlijk een strontklusje. Het persen tijdens de bevalling maakt zo'n intense indruk dat je hierna simpelweg geen druk meer durft te zetten. Het is dóódeng. Gelukkig heeft moeder natuur ervoor gezorgd dat je de eerste vijf dagen niet eens hoeft te poepen. Zo hebben alle organen weer even de tijd om terug op z'n plek te komen en kan jij je mentaal voorbereiden op de spannendste poepbeurt van je leven. *You go, girl!*

Kraamtranen

Ik wist dat ze gingen komen en toch werd ik er iedere keer weer door overvallen. Huilen om de kraamzorg, omdat ze zo lief gedag zei. Huilen om de tandpastatube, omdat deze leeg was. Huilen, omdat Willem de halsband van hond Dibbes kwijt was of gewoon: huilen om het huilen. Het hoort erbij, echt. Er is niet meteen iets geks met je aan de hand. Het begint meestal op dag vier en het gaat vanzelf weer over.

Met de billen bloot

Na mijn bevalling was ik helemáál klaar met al die polonaise aan mijn lijf. Had ik even pech. Elke dag voelt de kraamzorg of je baarmoeder al aan het zakken is (lees: drukt op je buikwond) en je mag dagelijks met de billen gespreid, zodat ze jou kan temperaturen. Je lichaam is tijdens de bevalling en kraamweek van iedereen, behalve van jou. ∎

Oh... en draag in de weken na de kraamweek geen jumpsuit als je baby zich graag laat dragen in een draagdoek of draagzak. Of draag de jumpsuit wel, maar dan zal je nog aan mij denken als je naar de we moet. #justsaying.

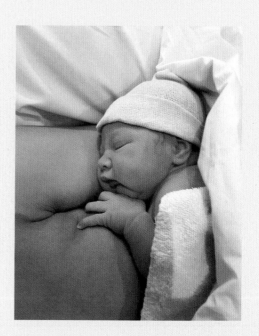

Love is
(almost)
all you need

Daar lag ze dan. Mijn kersverse baby van nog geen paar weken oud lag op mijn borst te slapen. Ja, dat doen de meeste baby's; op je borst slapen. Dat is volkomen logisch, want bijna alles wat we nog nooit hebben gedaan, moeten we leren, dus dat geldt ook voor zelfstandig slapen. In mijn eerste weken als moeder wist ik dat nog niet! Ik vertel je er later meer over. Wat ik in die prille babyperiode van Pip al wél wist, was dat ik bij een tweede kindje toch wel wat dingen anders zou doen. Ik vertel het je nu, al weet ik dat jij deze dingen tóch allemaal zult doen. Net als kinderen leren wij veel meer, wanneer we iets zelf ervaren. Dat is maar goed ook, maar zeg nu niet dat het je nooit is verteld ;-).

1. BIJ VOORBAAT AL SPULLEN KOPEN WAARVAN JE NIET 100% ZEKER WEET OF JE HET NODIG GAAT HEBBEN. Spullen heb je zo gekocht, maar als deze items al maanden in huis op je mini liggen te wachten, kun je ze niet meer terugbrengen als je erachter bent gekomen dat je ze niet gebruikt. Zo hadden wij de box netjes op tijd in elkaar gezet en neergezet. Ja, stel je voor dat 'ie er in mijn kraamweek niet stond. Waar moest ik dan de cadeaus neerleggen? Ons kon niks gebeuren, toch? Oh jawel, wij hadden een baby die zich niet liet wegleggen in de box.

2. LOSGAAN OP BABYKLEDING. Niks verleidelijker dan schattige babykleertjes kopen voor je ongeboren vrucht. In welke maat je mini precies wordt geboren en hoelang hij/zij hierin blijft passen, blijft zelfs anno 2020 nog altijd een vraag. Een lade vol kleding in maat 56 en 62 had ik klaarliggen voor Pip, maar mijn naweeën waren nog niet voorbij of Pip paste al niet meer in maat 56. Eeuwig zonde. Dus ook nu geldt ook weer mijn nieuwe motto: 'Kopen is zo gedaan. Terugbrengen niet.'

3. EEN LUIERTAS AANSCHAFFEN. Ik begrijp heel goed dat nieuw leven, trouwerijen en de dood gelijkstaan aan lucratieve *businesses*. Geboren worden en doodgaan zijn in ieder geval twee zekerheden in het leven. Voor sommigen brengt dat leven ook nog een huwelijk (of twee) met zich mee. In deze branches mag geld rollen en gelijk hebben ze. Maar dat ík mij dan weer laat verleiden tot het kopen van iets wat ik helemaal niet nodig heb, trek ik dan weer minder goed. Neem de luiertas. De optelsom is simpel; jij krijgt een baby, de baby draagt luiers (en jij draagt naast die luiers nog honderd-en-een andere dingen met je mee), dus jij hebt een luiertas nodig. Niet dus. Althans, ik niet. Ik heb een luiertas gekocht, maar waarom ik dat precies heb gedaan, vraag ik mezelf nog steeds af. Je bent langer bezig met het zoeken naar het ene vakje waar de vochtige doekjes zich bevinden dan dat je een graai doet in iedere andere willekeurige tas. Ineens was daar Studio Noos. Als je ergens een graai in wílt doen, dan is het in deze tas. Deze tassen passen om iedere (!) kinderwagen, ze zijn beeldig en sterk en ze zijn óók ideaal als je zonder kind op pad bent. Oh, ze verkopen er trouwens ook etuis bij, zodat de liefhebber toch nog een vakje heeft. Dat noem ik pas écht handig!

Over handig gesproken. Er zijn een paar items en tips die ik zó handig of leuk vind dat ik ze zelfs doorgeef als mijn buurvrouw vertelt dat het nichtje van de beste vriendin van haar schoonzus en daar dan weer de schoonheidsspecialiste van zwanger is. ZIJ moet dit weten!

Voor het gemak ga ik ervan uit dat jij dit boek in handen hebt, omdat je óf zwanger wilt worden óf zwanger bent óf zwanger bent geweest. Als geen van deze situaties op jou van toepassing is, dan vind ik het allereerst héél COOL dat zelfs jij nu mijn boek leest én dan kan jij iedereen in je omgeving die wel zwanger is of onlangs is bevallen, gaan vermoeien met deze lijst. Of misschien kun je ze zelfs wel verblijden... Het is maar hoe ze het bekijken.

PALAIS DE L'EAU

Thank god dat er mensen zijn die in oplossingen denken in plaats van in problemen. Stop je baby maar eens in badje en probeer nu, zonder dat je zelf zeiknat wordt, je baby in een handdoek te wikkelen. De handdoek van Palais de l'eau klik je om je nek. Je hebt zo je handen vrij, jij blijft droog en je kan je baby helemaal inwikkelen. Check even hun Instagram of website. Niet nu meteen, want we we gaan nog door!

LOVE TO DREAM
inbakerslaapzakje

O, zo zacht is dit slaapzakje, we hebben er zoveel plezier van gehad bij Rosie. In dit inbakerslaapzakje liggen de armpjes omhoog, waardoor je kindje in een natuurlijke slaaphouding ligt. Vooral de stof en de pasvorm geven je mini, naar mijn idee, een geborgen gevoel. Als je een inbakerslaapzakje zoekt, zou ik hier eens naar kijken.

PUCKABABY BAG 4 SEASONS

Vanaf zes maanden tot 2,5 jaar (!) is deze slaapzak te gebruiken én je kunt deze slaapzak het hele jaar door gebruiken. Kost wat (€ 119,95), maar je hebt dan ook écht wat.

BABYBJÖRN wipstoeltje

Dit is het allerfijnste wipstoeltje, als je het mij vraagt. Het is een ergonomische wipstoel die je in drie standen kan zetten. Door de bewegingen van je baby komt het wipstoeltje in beweging.

MARILYN BARTMAN

De beste investeringen die je kunt doen, zijn de investeringen in jezelf, in je gezin óf in een shoot van Marilyn Bartman. Van de 39.645 foto's die op mijn telefoon staan *(true story)*, zijn de énige gezinsfoto's de foto's die zijn gemaakt door Marilyn! Pijnlijk, maar waar en misschien is het ook herkenbaar; dat van die enkele gezinsfoto's bedoel ik dan. Ik heb al meerdere vriendinnen op het hart gedrukt dat ze écht een familieshoot bij Marilyn moeten boeken (ook leuk als gezamenlijk (kraam)cadeau voor familieleden of vrienden *#justsaying*), want ik gun iedereen een tastbare herinnering. Het is een ultieme herinnering aan een fase van en mét je kind(jes). We investeren zo makkelijk in een kinderwagen, een kinderstoel of een draagzak, maar het enige dat écht voor altijd blijft, schiet er vaak bij in, is te duur of *whatsoever*. Dus een afspraak met Marilyn overwegen is je *first thing to do* straks als je mijn boek hebt weggelegd. De foto's zullen je dierbaar zijn, helemaal nadat de tijd verstrijkt en je mini niet meer zo mini is. *Mark my words.* →

Oh en... een enorme aanrader is het volgen van de MAMA FOR MINI cursus van Marilyn! Voor € 67,- krijg je toegang tot haar besloten Instagram-account waarop ze jou leert hoe je zelf met je telefoon de mooiste foto's van je kindje kan maken.

DRAAGZAK

Echt onmisbaar. Je kindje kan (en wil hoogstwaarschijnlijk) tegen jou aan rustig wennen aan het leven buiten jouw buik en jij hebt dankzij de draagzak of -doek nog wel je handen vrij. Welke manier van dragen het fijnst is, is super persoonlijk. Ik vond een draagdoek het fijnst op mijn lijf, maar een veel te groot gedoe met knopen, met name wanneer ik maar even de deur uitging. Wanneer ik Rosie thuis droeg en dus geen jasje aan en uit hoefde te doen (waardoor de draagdoek ook weer los moest), zweerde ik bij een rekbare doek. In de fase dat Rosie *newborn* was, heb ik dus veel plezier gehad van de rekbare doek. Toen Rosie zwaarder werd en de rekbare doek niet meer geschikt was, greep ik toch naar de draagzak, ondanks de prachtige (geleende) draagdoeken in mijn kast. Een ware uitkomst is een Mei Tai drager, deze zit precies tussen een draagzak en draagdoek in. Het rugpand is al voorgevormd en afhankelijk van het merk heeft de heupband een klik- of knoopsysteem. De schouderbanden knoop je en daardoor behoud je het comfort van een draagdoek. Daarnaast bestaan ook nog ringslings, dit zijn draagdoeken met twee ringen die aan een uiteinde vastzitten. Deze zijn nooit mijn favoriet geweest, dus hiervoor stuur ik je het internet op. Er zijn ontzettend veel merken op de markt die draagzakken en –doeken verkopen, ze zijn er in verschillende prijsklassen. Mijn tips:
- Artipoppe
- Ilamaha
- Minimei.handmade
- ByKay

ENGEL

Nog steeds hebben we hier iedere dag plezier van. Inmiddels wel één maatje groter, maar Rosie draagt nog steeds iedere dag haar jasje van Engel. We kochten dit jasje vlak na haar geboorte in maat 62-68. Omdat ze zo ruim vallen, zijn we pas na 1,5 jaar overgegaan op een maat groter. Dit jasje is ook het allerfijnste jasje voor in de draagzak of draagdoek. Hij is van wolfleece en daardoor is het jasje heel licht, maar het houdt je kindje wel lekker warm.

HVID slofjes

Dit zijn de allerfijnste babyslofjes die niet afzakken! We hadden twee paar en Rosie heeft ze ruim een jaar gedragen.

DAPPER-MAENTJE

De speendoekjes van Dappermaentje zijn de mooiste. Misschien ben ik enigszins bevooroordeeld, want de ontwerpster van deze speendoekjes is Annelijn, één van mijn oudste vriendinnen van vroeger. Maar eerlijk gezegd, denk ik niet dat ik zo bevooroordeeld ben, want iedereen loopt met haar speendoekjes weg en als je ze ziet, snap je ook wel waarom, toch?

ZOUTLAMPJE

In de periode dat Rosie 's nachts wakker werd voor een voeding, hadden we hier keer op keer plezier van. Het lampje geeft een heel zacht en warm licht. Je hebt ze ook in in een kleine stopcontactvariant en deze zijn ideaal als nachtlampje op kinderkamers.

BEDNEST (huren)

Mits je 'm kan lenen van iemand of de investering wilt doen, omdat de wens er is voor meer kinderen, vind ik het huren van een bednest een tip der tips. Een bednest is een wieg die je aan je bed kan schuiven, het is in hoogte verstelbaar, het kan omhoog worden gezet (ideaal als je kindje reflux heeft of verkouden is) en beide zijden zijn naar beneden te klappen. Zo kan je kindje dicht bij jou liggen, maar wel veilig in zijn/haar eigen bedje blijven. Wij hadden het bednest gehuurd, waardoor het na zeven maanden weer werd opgehaald en dus ook niet langer in de weg stond. Ideaal!

SOOZLY elektrische babykruik

Deze kruik is zo fijn! De kruik warmt in zes minuten op tot 65 graden en je hebt nooit meer gedoe met kokend water. Ook wanneer je baby geen baby meer is, is deze kruik fijn voor jezelf bij pijnlijke spieren, buikpijn of kou. Het is weer een product dat meer dan een babyleven meegaat en daar houden we van.

BABY SHOWER GLOVE

Het is een onmisbaar item voor onder de douche. De handschoen is van badstof en bedekt een deel van je onderarm, waardoor ook jouw onderarm tijdens het douchen van je mini stroef is en je zo meer grip hebt op je kindje. *Invented 4 kids.* →

BABY BLOEM BADKUSSEN

Het meest ondergewaardeerde, maar het allerchillste item voor je *newborn* in de categorie 'badderen', als je het mij vraagt! Waarom we met dit item niet worden doodgegooid, vraag ik mij oprecht af, want ik vind het zó handig. Bij beide meiden vond ik het badderen in de fase van de *newborns* altijd een gedoe. Óf we gingen samen badderen (gedoe), óf ik moest van alles optuigen voor het klaarmaken van een babybadje (gedoe). De voorbereiding en het afbreken van het babybadje kostte me meer tijd dan de hele *spa experience* zelf. En dan heb ik het nog niet gehad over de grootte van een babybad; dit gevaarte neemt zoveel ruimte in beslag. Dit bloemkussen leg je in de gootsteen van de keuken, zo ligt je baby in een heel zacht kussen. Onze rug doen we er ook een plezier mee, want je staat gewoon aan het aanrecht. Daarnaast neemt het amper ruimte in beslag, het water loopt na het badderen meteen en makkelijk weg en het aankleedkussen leg je naast je op het aanrecht waar je alles binnen handbereik hebt. Het kussen wring je vervolgens goed uit en kun je laten drogen in de tuin, in de badkamer of je gooit 'm in de droger. Ik hoor alleen maar voordelen.

SNUGGLE ME

Dit is het allerfijnste en zachtste babynestje. We hebben hier zoveel plezier van gehad! Dit babynestje vormt zich rond het lichaam van je baby, waardoor je kindje een geborgen gevoel krijgt. We sleepten het nestje mee door het hele huis én we namen het nestje altijd mee als we naar anderen toegingen.

VLUV Sova Zitbal

Dit item gaat je leven met een *newborn* comfortabeler maken. Dat wil je, want het is al zwaar genoeg. Een zitbal is ideaal in die eerste maanden waarin je baby hoogstwaarschijnlijk het liefst in slaap gewiegd wil worden. Eindeloos liep ik rondjes door de woonkamer, hupsend stond ik achter mijn laptop of ijsberend liep ik voor de televisie. Met een zitbal kan je zittend hupsen en daardoor ook relaxt televisiekijken, achter je laptop kruipen of überhaupt gewoon even zitten en ontspannen. Deze zitbal ziet er zo knap uit dat hij ook na de babyperiode z'n dienst kan doen, zonder dat het een doorn in het oog is. Dankzij de ring aan de onderkant schuift 'ie niet weg en zo is deze zitbal dus ook ideaal als vervanger van je bureaustoel of je zet de zitbal in als extra zitplaats tijdens een feestje.

STOKKE FLEXI BATH

Een mooi alternatief voor het baby bloem badkussen is het Stokke Flexi Bath, het is met name heel handig wanneer je zelf geen bad hebt. In ons oude huis gebruikten we dit badje voor Pip in de douche en nog steeds wordt 'ie regelmatig gebruikt op onze veranda op Bakkum. Het badje is flexibel, waardoor je hem gemakkelijker opvouwt en opbergt. ∎

Het baby bloem badkussen is eigenlijk bedoeld voor *newborns*,
zodat zij zacht in de gootsteen kunnen badderen. Maar zoals je ziet,
geniet Rosie er met haar 1,5 jaar ook nog steeds van.

Van moeders tot moeders

Mijn mening over wat écht handig is, is er ook maar één! Via Instagram heb ik gevraagd wat jullie ultieme tip of inzicht is. De tips die het meest zijn genoemd en die mij eraan herinnerden dat ik deze inderdaad vergeten was, heb ik voor jullie gebundeld. Zo zie je maar: *It takes a village to raise a child ;-).*

Zo min mogelijk kraambezoek ontvangen. Heer-lijk!

Babysokken van Bambino (Kruidvat) en Noppies zijn de enige die niet afzakken.

Bij verkoudheid geen standaard spray, maar physiomer. Als kinderslaapcoach geef ik deze tip altijd, want een dichte neus werkt zo verstorend bij slaap!

Rammelaar Skwish van Manhattan toy. Musthave voor baby's. Ze zijn er uren zoet mee.

Moedermelk in het neusje spuiten bij een snotneus. WONDERMIDDEL!

Dunstan babytaal. Geeft zo'n fijne houvast om je baby te begrijpen!

Besef dat alles een fase is die voorbij gaat, dit geldt zowel voor de goede als de slechte dingen. Geniet en houd vol!

Skip Hop Moby Waterfall Bath Rinser. 3,5 jaar later gebruik ik 'm nog!

Doe je huishouden niet als je kids slapen, maar als ze wakker zijn en betrek ze erbij.

Roomboter op een bult. Werkt geniaal!

Wat je vooral niet nodig hebt: flessen-warmer, sterilisator, lakens en dekentjes.

Een osteopaat bezoeken met je baby na eerste maand. Gewoon even voor de check.

Tweedehandskleertjes kopen via #instagramkoppieshoekbaby en #instagramkoppieshoekkids

De relaxhoes van Ilmaha vind ik fantastisch. Je maakt hiermee van het voedingskussen een chillplekje voor je baby.

Voor iedere aangeschafte puppy volgt men een puppytraining, dus verdiep je ook in de opvoeding van je kindje. Wat is jullie opvoedingsdoel? Hoe ga je dit bereiken? Houd het langetermijndoel voor ogen en zoek naar een manier die voor jou en je kind werkt.

Een voedingsdoek, bijvoorbeeld die van Ilmaha

Neem een mini opblaasbaar zwembadje mee op vakantie. Is ook fijn als babybedje of als box op het strand.

Hydrofielen van Aiden & Anais.

De envelophals van de romper is zo gemaakt dat je de romper naar beneden kan trekken i.p.v. dat je de romper over het hoofdje uittrekt. Met deze tip ga je heel blij zijn als niet alleen de luier, maar ook de romper onder de poep zit.

Even googelen hoe je een Maxi Cosi moet dragen ;-)

Ga geen problemen oplossen, als het voor jou geen probleem is. Zoals wel/geen speen, wel/niet in het eigen bed laten slapen, etc.

Ik zweer bij de Kipkep tegen de krampjes in de kraamweken!

Een consult bij een draagconsulent boeken. Ze leert je verschillende knoop-technieken en zo weet je zeker dat je op de juiste manier draagt.

Wees lief voor elkaar en zet jezelf bovenaan.

Grote broer/zus een oude camera als kraamcadeau geven. Zulke lieve foto's!

E-mailadres aanmaken voor je kind waar je herinneringen en foto's naartoe kan sturen.

Go with
the flow – Verzet
je niet, wanneer
het niet gaat zoals
je wilt.

MatchStick monkey
bijtring, echt
geweldig!! Iedereen is
er tot nu toe blij mee.

Korte leggings van
Wibra onder jurkjes
dragen. Kan je tijdens
de borstvoedings-
periode gewoon jurken
dragen zonder dat
je ineens in je onder-
broek op het terras zit.

Autostoeltje dat je naar
je toe kan draaien,
scheelt je je rug!

Bij warm weer je
baby met een koud
washandje laten
'spelen'. Vermaak,
verkoeling en vocht!

Moedermelk op
ontstoken oogjes.

Waterkoker die tot 40
graden kan; ideaal
voor flesvoeding.

Maak je geen zorgen
als je de eerste weken
nog geen liefde voelt
voor je kindje.

Philley voor
flesvoeding werk
echt perfect. Geen
geknoei meer.

Elektrische
babynagelvijl. Echt
nóóit meer gedoe met
nageltjes knippen.

Niemand is perfect
en huilen lucht op.

Pasgeboren baby na
badje droog föhnen,
op een veilige manier
uiteraard (genoeg
afstand houden en op
de laagste stand). Het
geluid en de warmte
kan ze rustig maken.

Je kan het rompertje
op de schouder
vastzetten als ze op
het potje gaan.

Niet stoer doen.
Praat, en mede-
moms praten terug.

Geef je borstvoeding?
Geef de vitamientjes
in het begin dan in
de speen van de fles.
Wennen ze meteen
aan de fles.

Omgekeerd hoeslaken
op het strand, in
elke punt een item,
hoeslaken omhoog =
geen zand.

Wasbare
zwemluier i.p.v.
wegwerpzwemluiers.

Beter verwend dan verwaarloosd.

Ossegalzeep tegen poepvlekken (en bloed en saus en vet).

Druppeltje borstvoeding op je tepel smeren na de voeding = ontstekings-remmend.

The Baby Project. Donatie aan goed doel voor moeder- en kindzorg i.p.v. kraamcadeau vragen.

Baby's spelen graag met papier. Tip: bakpapier! Valt niet uit elkaar als het nat wordt.

Geniet van je zwangerschap en van elke fase. De kans is klein dat je heeel veel kinderen gaat krijgen en alles gaat zo snel voorbij. Daardoor ben ik de hele zwangerschap al super zen, zie ik de pijntjes als functie én geniet ik zo erg.

Neem minimaal één per week een moment helemaal voor jezelf. Een blije jij is een blije mama.

Bij Baby Exchangerie kan je babyproducten leasen. Ze hebben ook cadeaubonnen. Leuk om aan iemand te geven of om te vragen, zodat je zelf een product kan leasen.

Cadeautip voor mama: een Hunkemöller cadeaubon. Voor nieuwe bh's.

Kies ook voor jezelf!

Al in het begin een fijn muziekje aanzetten met omkleden zorgt ervoor dat je kindje blij is, zodra ze op het verschoningskussen wordt gelegd. Nooit meer traantjes.

Glow in the dark speentjes.

Als borstvoeding voor jou of je kindje niet werkt, is het prima als je stopt.

Ook in de woonkamer een verschonings-kussen neerleggen.

(Borst) voeding

Het (borst)voedingsonderwerp blijft een gevoelig onderwerp. Voor de één voelt het als falen, wanneer de borstvoeding niet lukt en de ander heeft deze ambitie nooit gehad. Omdat dit zo'n gevoelig onderwerp is, wil ik er eigenlijk niet te veel over zeggen. Het enige wat ik erover kan én wil delen, zijn mijn eigen ervaringen. Twee compleet andere ervaringen, welteverstaan.

Leestip: In het boek Wat baby's nodig hebben en Mama'en vind je veel informatie over borstvoeding.

Bij Pip verliep de borstvoeding allesbehalve vlekkeloos. Mijn borsten maakten genoeg melk aan, maar het blijft #teamwork, dus ik kwam van een koude kermis thuis toen bleek dat zij helemaal niet uit de borst wilde drinken: daarmee was de *struggle real.* We oefenden wat af en ondertussen waren we druk met vingervoeden. Dit is een techniek waarbij je de zuigtraining ontwikkelt en je baby's kan laten oefenen met de techniek die zij nodig hebben om aan de borst te drinken, wanneer dit niet meteen soepel gaat. Na een week aanmodderen brachten we een bezoek aan de lactatiekundige. Het was heel prettig dat iemand meekeek en een plan van

aanpak meegaf. Ondanks het vele oefenen, boekten we niet veel resultaat, waardoor ik overging op kolven. De combinatie van kolven en daarna de fles geven hield ik precies twee weken vol. Ja, je leest het goed; twee weken. Ik werd er geen leuke en met name geen relaxte moeder van. Vooral dat laatste vind ik een heel belangrijk ingrediënt voor het opbouwen van een goede band met mijn kind. Ik geloof er sterk in dat hoe relaxter ik ben, hoe beter zij kan floreren. Ik voel mijzelf ook het fijnst bij een volwassen persoon die lekker in zijn of haar vel zit en ontspannen is, dus ik kan mij niet voorstellen dat dit voor een baby anders is. Ik wilde de spanningen daarom tot een minimum beperken. Je kan, helemaal bij een *newborn*, nu eenmaal niet overal invloed op hebben. Ik heb daarentegen wel invloed op de manier waarop ik met dingen omga.

Na deze uitdaging deed ik mijn eerste inzicht op in het prille moederschap: niemand heeft er iets aan als degene die er 24/7 moet zijn voor een ander staat te wankelen op haar benen. Het voelde ook helemaal niet als falen, toen de borstvoeding niet liep. Ik voelde heel sterk dat het niks met mijn moederliefde te maken had, en dat mijn kind nog net zoveel kans maakte om gelukkig en gezond op te groeien toen ik besloot hiermee te stoppen. Binnen *no-time* had Willem weer een ontspannen vrouw én een ontspannen kind in huis. En zo kwamen we alle drie als winnaars uit de bus. →

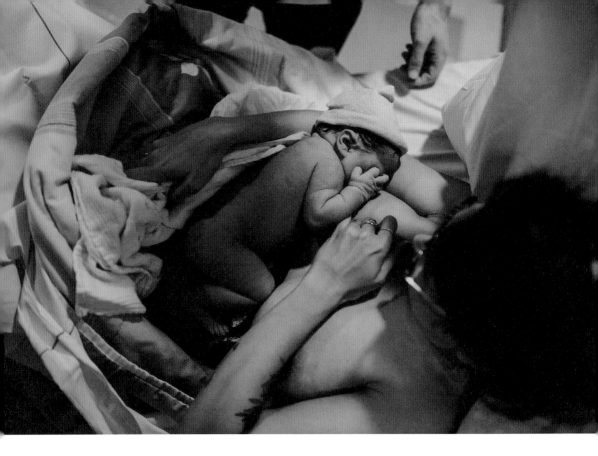

De tweede keer verliep het geven van borstvoeding heel anders. Direct nadat Rosie op mijn borst werd gelegd, zocht ze naar mijn borst én dronk ze eruit. Het was heel bijzonder om te ervaren hoe een start ook vlot kon verlopen. In mijn kraamweek kreeg ik goede begeleiding van mijn kraamhulp tijdens het aanleggen en ze leerde mij verschillende houdingen waarin ik kon voeden. Ik kon niet geloven dat het zo 'makkelijk' kon gaan. Het blijft natuurlijk topsport, dus net als met topsport gaat ook het geven van borstvoeding niet zonder bloed (soms wel), zweet en tranen. Een baby die überhaupt uit mijn borst wilde drinken was zo'n compleet nieuwe ervaring dat ik dit als een vliegende start heb ervaren. Desalniettemin was het de eerste periode toch een kwestie van: tanden op elkaar, Purelan smeren en gáán. Wat was het fijn om te ervaren dat er dit keer geen onnodige tranen werden gelaten bij mijn kersverse baby. Toch schakelde ik opnieuw een lactatiekundige in, dit keer één die bij mij thuiskwam. Ik wilde haar niet zien, omdat het niet goed ging, maar omdat ik nog zoveel kon leren over houdingen, grepen en aanleggen. Als ik je toch een tip mag geven over dit onderwerp: laat na je kraamweek een lactatiekundige meekijken. Ze kan zoveel tips en tricks geven en ziet meteen waar verbetering mogelijk is, omdat ze meekijkt, terwijl je voedt. Zo kreeg ik onder andere tips over hoe je de pijn in je rug en nek kan voorkomen, hoe je de kansen op een borstontsteking minimaliseert en welke grepen bevorderlijk zijn voor het aanleggen. Het nam mijn onzekerheid hierover weg en dat was het grootste cadeau dat ik mezelf kon geven. *Mom, you got this. One way or another.* ∎

19 mei 2019

#normalizebreastfeeding. Het is een hashtag die je veelvuldig voorbij ziet komen als je je een beetje begeeft in de mommyhoek van de gram. Wat mij betreft zou dat ook met #kunstvoeding gedaan mogen worden. Met het verschijnen van alle online posts over borstvoeding heb ik 't idee dat voor (aanstaande) moeders de druk hoog ligt en je je schuldig moet voelen als het niet lukt of je gewoonweg niet wilt borstvoeden. Ik wil dit tegengeluid geven, omdat ik mezelf ook meerdere keren al borstvoedend online heb gedeeld, maar absoluut niet wil bijdragen aan de onzekerheid die vrouwen eventueel voelen die vrijwillig of genoodzaakt een andere keus hebben gemaakt. Wat het beste is voor je kind, vind ik namelijk niet het enige wat deze keuze zou moeten bepalen. Het beste voor je kind is ook wat jou als moeder een gelukkig mens maakt. Sterker nog, over een paar weken zal mijn lijf weer iets meer van mij zijn. Zal ik mijn lijf weer makkelijker met @daddyhox delen, want borsten met een dubbele agenda vind ik niet heel sexy. Ik sluit dan ook weer aan bij borrels en ik positioneer mij weer links vooraan op festivals. Man, ik kan niet wachten. Want een gelukkige moeder die volop van het leven én van haar kinderen geniet, is wél het beste wat ik mijn kroost kan geven. Dus dit is een shout out naar ALLE moeders. Wat je geeft, doet er niet zoveel toe, zolang het maar met liefde gegeven wordt. Daar worden ze pas echt groot en zelfstandig van.

Mijn
seks
is weg

Als ik beloof dat ik alles waar ik ooit op heb gegoogeld deel, dan bedoel ik ook dat ik álles deel. Alhoewel... Ik heb op het volgende onderwerp niet echt gegoogeld, in dit specifieke geval heb ik een andere hulplijn ingeschakeld. Mijn zin in seks was tijdens de periode waarin ik borstvoeding gaf, he-le-maal weg. Voor de site van Jet van Nieuwkerk schreef ik er een column over...

'Om maar meteen met de deur in huis te vallen: seks, je mag mij ervoor wakker maken. Graag zelfs. Het gebeurt ook regelmatig trouwens, want ik heb een man die slaapwandelt, maar dan net even anders, zeg maar. Nu schijnt het zo te zijn dat vrouwen minder vaak zin hebben in seks dan mannen en vaker 'de hoofdpijnkaart' trekken. Ik kan met vriendinnen aan de borrel hardop meelachen en honderduit praten, als we het hebben over kutscheten, trio's en spannende feestjes, maar geen zin...? Ik herkende dit fenomeen eigenlijk nooit.

Toen ik begin twintig was, heb ik als bijbaantje *Tupperware*-achtige party's gegeven, maar dan verkocht ik seksspeeltjes. Hilarisch was dat. Van studenten tot huisvrouwen en *single ladies:* ik heb ze allemaal in mijn kringetje gehad met een vibrator tegen hun neus. Want dat is dé manier om de trilling te testen in gezelschap, waarbij de kleren aanblijven. Alle speeltjes werden gecategoriseerd in 'ervoor', 'erop', 'eronder' en 'erna'. *I kid you not.* Mijn bazin vond dat je wel moest weten wát je verkocht, dus ook mijn privécollectie begon serieuze vormen aan te nemen. Willem, nu mijn man, stond wel even met zijn oren te klapperen, toen hij hoorde welk bijbaantje de chick, die hij verkering wilde vragen, had. Vervolgens kon hij zijn geluk niet op. Afijn, de toon was al vrij snel gezet.

Jarenlang was er in ons seksleven geen vuiltje aan de lucht. Tot mijn tweede zwangerschap dan, of beter gezegd: tot ná mijn tweede zwangerschap. De kraamhulp drukte mij op het hart: wacht met seks tot zo'n zes weken na de bevalling. Ik knikte vanaf mijn kraambed braaf naar haar, maar dacht: *Oh, hell no!* Na de geboorte van Pip kon ik het een kleine drie weken rekken, maar toen was ik echt wel weer toe aan wat spanning en sensatie. *I survived,* dus ook nu zou het wel loslopen. Maar dat deed het niet.

De weken verstreken, mijn herstel verliep soepel en Willem hunkerde naar íets van lichamelijk contact. Mijn libido was weg. Compleet weg. Een aanraking deed mij niks, bij de gedachte alleen al, zuchtte ik en zelfs toen ik mij ertoe had gezet om seks te hebben... Gebeurde er precies niks. Geen gevoel en geen *spark*. Ik was doodsbang dat mijn libido nooit meer terug zou komen. Zoveel waarde ik er voorheen aan hechtte, zo erg kon het mij op dat moment gestolen worden. Letterlijk: *I didn't give a fuck.* Maar ik gaf wel om Willem, intens veel zelfs. Dus dat het niet aan hem lag, wist ik zeker. Wáárom voelde ik dan niks? Ergens voelde ik wel waar de crux zat. Mijn borsten konden een dubbele agenda niet aan. Ik deelde ons verhaal in één van mijn vlogs, want waar Willem hunkerde naar mijn lichaam, hunkerde ik naar een blijk van herkenning van mijn probleem. Die herkenning kreeg ik, in overvloed zelfs. Wat bleek? Wanneer je borstvoeding geeft, maak je een bepaald hormoon aan en dat hormoon heeft een sterke invloed op je libido. Mijn kijkers stelden mij gerust en zeiden dat het allemaal terug zou komen, zodra de hormonen uit mijn lichaam zouden zijn. Er viel een deken van rust over mij heen en ook voor Willem was het een enorme opluchting. Het zou een kwestie van tijd zijn. De tijd tikte door, de borstvoeding stopte en mijn lichaam maakte haar langverwachte *comeback*. En hoe! Ik trok dit keer ook een kaart, 'een vrijkaart'. En we leefden nog lang en gelukkig.' ∎

the power of love...

Het is, denk ik, 'Hallo medemoeders!', hartstikke normaal en oké als jij je kind soms even helemaal niet leuk vindt. Of misschien vind jij je kind wel leuk op zo'n moment, maar valt het ouderschap je soms flink tegen. Het kan ook niet anders dan dat je je af en toe afvraagt waaraan je bent begonnen! Je bent namelijk ergens aan begonnen, terwijl je er géén idee van had wat je te wachten stond. Waarschijnlijk heb je er geen cursus of opleiding voor gevolgd en oefenen kan pas als je niet meer terug kan. Je krijgt geen snuffelstage aangeboden, nee. Het is dan ook geen toeval dat zoveel moeders worden overvallen door emoties, angsten en onzekerheden. Ik heb mij in het leven zo vaak afgevraagd: waar ben ik aan begonnen?! Meestal was dat op het moment dat ik geen licht zag aan het einde van de tunnel. Ik heb vaker dat licht niet gezien: bijvoorbeeld toen ik een vulkaan beklom in Ecuador, toen ik mijn online interieurcursus aan het maken was, toen ik dit boek aan het schrijven was (breek me de bek niet open) en op sommige momenten als moeder ook niet. *Nondeju,* wat kunnen sommige dagen láng zijn en wat kan ik mezelf toch weer verbazen. Hoe is het toch mogelijk dat ik als volwassen vrouw, *as we speak,* ruzie sta te maken met een eenjarige?! Het is dat ik nu weet waar ik het voor doe, omdat ze de tweede is, maar anders had ik er hoogstwaarschijnlijk al een Marktplaatsadvertentie uitgeknald onder de categorie 'gratis af te halen'. Tegelijkertijd is ze het schattigste wat ik ooit in handen heb gehad.

Nu mag ik echt niet klagen, want ik heb echt enorm veel lol in het moederschap, maar ik moet met regelmaat denken aan vrouwen die het helemaal niet zo leuk vinden. Ik weet namelijk dat er genoeg moeders zijn die vraagtekens plaatsen bij hun keuze, maar weinig moeders spreken zich hierover uit. Dat is heel logisch, want het moet bijna misdadig voelen als je toegeeft dat het moederschap je tegenvalt. 'Praat, en mede-*moms* praten terug', het is een mooie tip die we eerder in dit boek van een andere moeder hebben gekregen. Of volg één van Marjoleins (lievemoeders.nl) online programma's waarbij ze je helpt te ontdekken wat je nu nog in de weg staat om de moeder te zijn die je wilt zijn. Zo is er ook een 'Mindful moeder viptraject' waarin je liefdevolle, persoonlijke en praktische begeleiding bij het ouderschap krijgt. Door het toepassen van de 'Lieve Moeder Mindset-methode' zul je ervaren hoe je het moederschap anders kan beleven: relaxter, met meer rust in je hoofd, vrijer en met veel meer plezier. *Mom, you got this!*

Voel je alsjeblieft niet schuldig, maar juist krachtig als je af en toe voor jezelf kiest! Ik voel me hierover zelden schuldig, want als ik mezelf niet op één zet en niet goed voor mezelf zorg, kan ik simpelweg niet goed voor een ander zorgen. Ik voel me dus juist schuldig als ik onvoldoende dingen voor mezelf doe, omdat ik dan niet de beste versie van mezelf ben voor mijn kinderen. Een auto pruttelt als deze te weinig benzine heeft en komt uiteindelijk helemaal tot stilstand. Als jouw energie en jouw geduld op raken, kun je ook niks meer geven. Het is toch ook niet voor niks dat je *hangry* wordt als je trek hebt? Zo werkt het ook in ons brein. Als je jezelf niet voedt met energie, door dingen te doen waar jij blij van wordt, heb je ook minder energie te geven. Ik merk het aan mezelf wanneer ik fysiek veel bij de kinderen ben geweest, dat het ten koste gaat van mijn emotionele beschikbaarheid.

Sinds Willem voornamelijk thuis is met de kinderen, is hij (bijna) dagelijks gaan sporten. Juist nu hij zoveel tijd met ze doorbrengt, groeide die behoefte. Ik vind hem hierin een mooi voorbeeld; ook als thuisblijfouder kun je iedere dag een moment voor jezelf creëren. Ik gun hem dat moment ook, want de *key to succes* in onze relatie is elkaar vrijlaten en elkaar de ruimte geven om alleen of met vrienden iets te ondernemen. Elkaar dit gunnen is voor ons heel belangrijk, maar net zo belangrijk is de open en éérlijke communicatie, wanneer je even anders in de wedstrijd staat. In vorige relaties hebben we beiden ervaren dat vaak het één wordt gezegd, maar het ander wordt bedoeld. Er wordt gezegd dat het prima is als je een borrel gaat drinken met vrienden, maar nog een vijf minuten later ontvang je een appje waarin staat dat je toch wel had kunnen zien dat hij/zij liever had gehad dat je thuis was gebleven. Zég dat dan. Wanneer één van ons in het begin van onze relatie maar enigszins iets anders zei dan hij/zij bedoelde, maakten we daar meteen korte metten mee. Oftewel; je hebt geen recht van spreken als je niet eerlijk bent over wat je wilt of voelt. Het is niet eerlijk als je van een ander verwacht dat hij/zij weet wat jij bedoelt, als je het zelf niet eens durft te zeggen.

Wat Willem en ik ook heel belangrijk vinden, is **NIVEA: Niet Invullen Voor Een Ander.** De hele dag door kan je van alles voor de ander invullen:
* Ik ga maar niet uiteten met vriendin x vanavond, want dat zal hij vast niet gezellig vinden...
* Ik moet echt afvallen, anders vindt hij mij vast niet meer aantrekkelijk...
* Ik sla het sporten vanavond maar over, anders is ze weer alleen...
* Ik zeg maar niet hoe ik hierover denk, want dan wordt ze vast boos...
* Als ik hierover begin, zal hij vast geïrriteerd reageren...
Etc. etc.

Doe geen aannames, maar vraag het op de man af. Geef aan wat je eigen behoeftes zijn, want daar kan niemand je op afrekenen. Misschien wordt het niet leuk gevonden, maar dat mag en dan kan je erover praten. Door iets voor een ander in te vullen, ontneem je de ander ook een kans er iets van te vinden en zijn of haar gevoel erover te uiten.

Én tot slot, een beetje een open deur, maar blijf samen (zonder kinderen!) met regelmaat iets ondernemen. Hoewel wij er bovenop zitten, schiet dat er bij ons soms ook bij in. Laatst waren we, zonder kinderen, in de supermarkt, omdat Pip op school zat en Rosie op de opvang. We waren weer even Willem en Rachel zonder verantwoordelijkheden op dat moment. We hebben zó gelachen! We zaten een kwartier in de auto op de parkeerplaats voor de supermarkt, zonder dat we het doorhadden en we waren vervolgens aan het geinen in de supermarkt. Echt weer even zoals wij zijn, wanneer we niet in de ouderrol zitten. Ik merk ook dat er zoveel meer irritaties zijn als we elkaar alleen maar in die rol zien, terwijl die rol slechts een deel is van wie je bent. We beseffen dat het er de laatste tijd bij was ingeschoten om samen op 'boevenpad' te gaan, dat is namelijk wat wij leuk vinden. 'De boel de boel laten' en wel zien waar het schip strandt. Niet dromen, maar doen! Inmiddels hebben we drie weekenden samen gepland staan. Kan nu al niet wachten. ∎

Hang in there

↑

Slaapt jouw baby overdag niet graag in zijn of haar bedje en sjouw je de hele dag met hem of haar rond? Gefeliciteerd! Je hebt een doodnormale baby! Slaapt je baby vanaf het begin in zijn of haar eigen bedje? Gefeliciteerd, jouw baby is uitzondering op de regel. Wat heerlijk!

We ploeteren en zoeken wat af met onze mini's. Soms heb ik het gevoel dat we allemaal opnieuw het wiel aan het uitvinden zijn. Uiteraard is iedere baby anders, maar zo uniek als we onze eigen kersverse baby vinden, zijn ze in de basis nou ook weer niet. En dat is maar goed ook, want doordat baby's in het algemeen dezelfde behoeftes hebben (lees: melk, slaap en geborgenheid) is het vrij makkelijk om ze in deze behoeftes te voorzien. Melk is gelukkig altijd genoeg voorhanden; is het niet van jou, dan wel van een donor of van een dier, bijvoorbeeld in poedervorm. En slaap creëer je door geborgenheid en veiligheid te bieden; hoogstwaarschijnlijk in jouw armen of op jouw borst. Het recept voor een tevreden baby is dus eigenlijk vrij simpel. De frustratie ligt vaak niet bij de baby, maar bij ons. Wij hebben ook behoeftes. We hebben behoefte aan *space,* behoefte om de vaatwasser uit te ruimen zonder baby in de draagzak/-doek, behoefte om weer eens gewoon door de kamer te lopen in plaats van te hupsen of behoefte om alleen naar de wc te gaan. En je baby? Je baby wil gewoon vastgehouden worden. Niks meer, maar vooral niet minder. Dus leg je je baby overdag weleens weg en begint hij of zij dan te huilen? Dan is je baby echt een doodnormale baby. Gebeurt dit bij jou thuis niet? Dan zou ik nu een gat in de lucht springen, want dan ben jij één van *the lucky ones* die héél héél veel geluk heeft en dit hoofdstuk dus helemaal kan skippen! *See ya @* pag 64.

Ik ga in dit hoofdstuk uiteraard uit van een gezonde baby: een baby die goed drinkt, die normale huiluurtjes heeft, zich soms overstrekt door de krampjes, maar ook rustig bij je kan liggen en soms in je armen in slaap valt. Ik heb het dus niet over een baby die reflux heeft of andere technische mankementen vertoont ;-). <u>Bij elke twijfel van aanhoudende pijn of bij andere signalen van zorg moet uiteraard de huisarts ingeschakeld worden.</u>

8 december 2018

9 maanden. 9 maanden geleden stonden we aan het begin van onze kraamweek en bestond de wereld even niet, omdat wij de wereld waren. 9 maanden geleden begon ik je van 'in mij' naar 'op mij' te dragen. 9 maanden geleden dat ik je eindeloos in slaap heb staan hupsen, wat helemaal niet eindeloos was (want ze worden vanzelf groot), maar in het moment zo voelde. Het waren 9 maanden waarin ik heb genoten van jouw kleine lijfje op de mijne. Waarin ik heb gezweet op onze Bakkumse veranda, omdat jij geen boodschap had aan de temperatuur van de dag, maar mij simpelweg nodig had. Waarin ik heb gezucht, omdat ik mijn space nodig had, maar jij die van mij niet kon missen. Waarin ik heb gehuild, omdat ik 'ik' niet meer was, maar 'jij' werd 'wij'. Waarin ik mij zo trots heb gevoeld, toen het eerste slaapje in bed lukte, omdat we dit samen hadden gedaan. Ik had jou de tijd gegeven en jij had 'm genomen. Waarin ik lichamelijke en mentale vrijheid heb gevoeld, toen je met 5 maanden slaapjes kon koppelen. Maar waarin ik bovenal zoveel rust heb gevoeld, omdat ik wist dat dit zou gaan gebeuren (welcome to the newborn life!) en wist dat het vanzelf weer over zou gaan. En nu zijn we ineens 9 maanden verder. Slaap je al maanden door, breng ik je drie keer per dag zonder moeite naar bed en heb je 's ochtends het uitslapen ontdekt. Het zijn enkel nog de herinneringen van een warm lichaampje tegen mij aan die vertellen dat je ooit op die manier geborgenheid zocht. Het zou m'n grootse wens zijn dat je nog één keer op mij in slaap valt. Maar je bent sneller dan het licht en je wereld is zoveel groter nu dan jouw hartslag tegen de mijne. 6 seconden knuffelen met je hoofdje op mijn schouder is wat ik krijgen kan. De tijd vliegt voorbij, dus ik houd je vandaag nog eens extra vast en geniet ervan. Die 6 hele seconden lang.

In de afgelopen jaren heb ik gemerkt, dankzij de honderden vrouwen die ik online heb gesproken, dat het idee heerst dat onze baby zo snel mogelijk in zijn of haar bedje moet kunnen slapen. Ik denk dat we, mede door de druk van buitenaf, het gevoel hebben dat dit hoort, dat dit moet. Zelfs bij een baby van enkele weken oud. Ook ik had dit gevoel bij Pip en nu, met alles wat ik weet door research, gezond verstand, de ervaring na het eerste jaar met beide dochters en de honderden (!) privéberichten op Instagram én mails met succesverhalen van jullie naar aanleiding van mijn eerder verschenen blogpost over dit onderwerp, durf ik met zekerheid te zeggen dat dit hoofdstuk je gaat helpen begrijpen waarom baby's gedragen willen worden. Het is de eerste maanden simpelweg *part of the job*. Onderstaande helpt je begrijpen waarom baby's ons zo hard nodig hebben om rustig te worden of om in slaap te vallen.

Huidhonger

Vroeger moesten baby's dicht bij hun moeder blijven om te kunnen overleven, zo bleven zij bij hun moeder vanwege de noodzaak van het krijgen van melk, maar ook werden ze beschermd tegen bijvoorbeeld roofdieren. Zonder moeder overleefden baby's niet en gingen ze gewoon dood. Net zoals veel gedragingen instinctief zijn, is huidhonger dat ook. Je zou zelfs kunnen zeggen dat lichaamscontact van levensbelang is voor je baby. Hoe zit dat? Onderzoek na onderzoek toont aan dat huid-op-huidcontact stress reduceert en een verlaagd stresslevel draagt bij aan een gezonde hersenontwikkeling. Melanie Visscher legt in haar boek *Wat baby's nodig hebben* uit dat alleen in een kalme lichamelijke staat je baby zich goed kan ontwikkelen. Zo legt zij uit: 'Je baby weet niet waar hij nu geboren is, of in welke tijd. In zijn prille begin is hij nog steeds een oerbaby. Ervaringen die hij vanaf zijn geboorte opdoet, zorgen er pas voor dat hij zich langzaam ontwikkelt tot een baby uit deze nieuwe tijd.' [1] Kortom: jouw lijf staat gelijk aan veiligheid voor je baby. Wij weten dat er geen tijger loert naar de box waarin je baby ligt, maar hij weet dat niet. Nog niet. Dus in jouw armen is het veilig én vertrouwd, want in jouw armen ruikt hij je, voelt hij je en hoort hij je hartslag.

Als je stress ervaart, wordt het hormoon cortisol aangemaakt (dit kan gemeten worden in het speeksel). Nu brengt dit hormoon niet direct schade toe aan de hersenen, maar als het cortisolniveau met regelmaat hoog is, zijn er steeds meer aanwijzingen dat dit op latere leeftijd kan leiden tot een overactief stresssyteem, depressie en angstigheid. [2] Andersom werkt het ook. Troost je je baby, als hij huilt, dan ontwikkelt hij stressresponssystemen. Hier heeft je baby later profijt van, want dit zorgt ervoor dat je baby later in zijn leven in staat is om beter om te gaan met stress. [3] Wanneer je baby gedragen wordt, hoort hij je hartslag, je ademhaling, je stem en de baby ruikt jouw geur. Je baby voelt zich hierdoor veilig en geborgen. Ook voor jou als moeder, blijkt uit onderzoek, valt er veel te halen als je je kind veel draagt. Het vergroot je zelfvertrouwen en gehechtheidsgedrag. [4] Dat is zo mooi geregeld door de natuur. Je baby heeft jou →

20:11

DEHUISMUTS
Berichten   Volgen

dehuismuts

♡ ◯ ⊽   🔖

riannejsr en anderen vinden dit leuk

dehuismuts Bij een eerste vraag je je af hoe mensen dat
toch doen met 2 kinderen? En bij de tweede vraag je je af
waar je je zo druk om kon maken bij de eerste? En toch, het
heeft allebei z'n charmes. Maar het állerlekkerste is dat ik
mij nu totaal nergens meer druk om maak omdat ik weet

3 mei 2019

Bij een eerste vraag je je af hoe mensen dat toch doen met twee kinderen? En bij de tweede vraag je je af waar je je zo druk om kon maken bij de eerste? En toch, het heeft allebei z'n charmes. Maar het állerlekkerste is dat ik mij nu totaal nergens meer druk om maak, omdat ik weet dat alles erbij hoort en ook weet dat alles weer overgaat. Wanneer ze huilt, draag ik haar bij me, ik troost, maar ik weet ook dat baby's soms nou eenmaal huilen. Ook als ze een schone broek hebben of net hebben gedronken. Een verklaring ervoor is niet meer nodig. En slapen? Ik schaam de ogen uit mijn kop dat ik Pip met zes weken al wilde trainen om overdag in haar bedje te slapen. What was I thinking?? Wees maar gewoon klein, lief meisje, met alles wat erbij hoort. Verder hoef je helemaal niks te doen. Ik houd je wel vast en laat je pas los, als jij daaraan toe bent. Ik verwacht niks van je. Niet wanneer je door gaat slapen, niet wanneer je zonder mijn armen in slaap kan vallen, niet wanneer je jezelf kan vermaken, niets van dat alles. Kijk eens naar je zus, naar die geweldige, grote zus. Zo zelfstandig is zij inmiddels en ooit was zij ook zo hulpeloos en klein. Níks is voor altijd. Behalve dan dat wij voor altijd van jullie houden. Voor altijd en elke dag een beetje meer.

30 mei 2019

Oh, baby! Ik ben zó blij met je en met mijn keus om je de eerste elf weken non-stop bij me te dragen. Zo kon ik met Pip spelen, had ik mijn handen vrij en kwam ik zelfs nog aan stofzuigen toe. Ik vind het ZO erg om in mijn dm's te lezen dat veel van jullie het gevoel hebben je kakelverse baby weg te moeten leggen, want dat heuuurt? Volgens de adviezen van anderen, tja. Ik vind dat zo erg, omdat ik er zelf zo'n intense spijt van heb dat ik Pip onnodige tranen heb laten laten huilen toen ze nog maar een paar weken oud was. Kind had in negen maanden in mijn buik nog nóóit plat gelegen, laat staan in een wieg, dus what was I thinking? Heb er nog hartzeer van dat ik Pip met zes weken wel even ging trainen op vakantie in Frankrijk. Tranen met tuiten die kleine Pip, de hele vakantie. Onnodige tranen, want als ik haar bij mij droeg, was ze rustig. Een piepjonge baby in een wieg heurt niet per se (is wel ZO fijn, als het soepeltjes gaat!). Omdat wij al zover afstaan van hoe de natuur het heeft bedacht, denken we dat dat normaal is. En uiteraard zijn er uitzonderingen, want er zijn ook baby's die zonder training in hun wiegje slapen. Hoe fijn?!! Een zegen! Alleen ik maak ze helaas niet. We varen nu op het ritme van Rosie en ik heb mij volledig overgegeven aan haar huidhonger de eerste weken. Zó fijn was dat. Voor haar én voor mij, want ik wist dat dat het enige was wat ik moest doen. Sinds twee weken is zij eraan toe om overdag wat slaapjes in haar bedje te doen. Ieder slaapje is er één en geen is ook goed. Het artikel dat ik in 2016 schreef (link in bio) met daarin de slaaptraining die ik voor Pip heb gemaakt, werkt ook als een dijk voor Rosie. Blijkbaar voor heel veel andere baby's, want jullie hebben al veel succesverhalen met mij gedeeld. Ik zal er een paar delen op stories. Hopelijk vind je hier steun, wanneer je leest dat jij echt niet de enige bent met een baby die hulp nodig heeft om in slaap te komen én dat het vanzelf goedkomt met de tips uit het artikel. Dus trek je alsjeblieft niks aan van opmerkingen als 'Oh, slaapt hij nog steeds bij jullie?' 'Slaapt ze nog niet door?' of 'Vroeger...' Allemaal niet belangrijk. Er is maar één ding wel belangrijk; let them be little.

nodig en door hem in die behoefte te voorzien, heeft dat positieve effecten voor jullie beiden. En ik moet je zeggen, ik heb dat ook zo ervaren. Juist doordat ik Rosie zoveel heb gedragen, was ze tevreden en sliep ze rustig in. Dit gaf mij zelfvertrouwen, want blijkbaar deed ik precíes waar zij behoefte aan had. Een compleet andere ervaring had ik bij Pip. Ondanks dat haar eerste levensjaar zich in 2016 afspeelde, was er veel minder informatie voorhanden dan nu. Het was mijn intuïtie tegen de buitenwereld, die veelal gevormd werd door de mening van de oudere generatie. Grofweg de meeste boeken op mijn boekenplank met wetenschappelijk onderzoek over de schadelijke effecten van het laten huilen van een baby zijn vanaf 2017 uitgebracht. Dat is een zeer positieve ontwikkeling, maar voor mij kwam die nét iets te laat om me helemaal niks aan te trekken van wat de buitenwereld zei. Mijn intuïtie verloor het van hun mening, want zij hadden de babyjaren al tientallen jaren achter zich liggen, dus ze zouden het wel weten, toch? Maar we kunnen het veel tantes, oma's, buurvrouwen of (schoon)moeders ook niet kwalijk nemen dat ze adviezen geven die zo haaks staan op je gevoel én op het wetenschappelijk onderzoek. Uiteraard vielen baby's vroeger vanzelf in slaap als je ze liet huilen, maar we weten nu dat dat niet echt slapen is, maar 'stil huilen'. Ze vallen uitgeput in slaap, maar het stressniveau blijft hoog. Hoe dit proces precies werkt, legt Melanie Visscher uit in het interview op pag 54.

In tegenstelling tot vroeger is er nu inmiddels veel meer onderzoek gedaan. Ook was er vroeger amper toegang tot informatie. Gelukkig hebben wij die toegang nu wel middels internet, boeken, podcasts en documentaires over de ontwikkeling van het babybrein. 'Niet klagen, maar dragen' is het devies. Letterlijk.

Mooie resultaten kwamen ook naar voren in een onderzoek dat werd uitgevoerd door Dr. Ruth Feldman in 2014. 73 premature baby's die 14 dagen huid-op-huidcontact (Kangaroo Care) kregen, werden vergeleken met 73 *case-matching* controlepersonen die 'standaard zorg' kregen. Gedurende het eerste decennium van hun leven werden de kinderen zeven keer gevolgd. Meerdere fysiologische, cognitieve en geestelijke gezondheidsaspecten werden beoordeeld. Wat bleek? Kangaroo Care verminderde angst bij de moeder en verbeterde de cognitieve ontwikkeling en uitvoerende functies van de kinderen tussen de zes maanden en tien jaar. Toen de kinderen tien jaar oud waren, vertoonden de kinderen die Kangaroo Care hadden gekregen een verzwakt stressrespons, ze sliepen beter en ze functioneerden op cognitief gebied beter dan de kinderen die standaard zorg hadden gekregen.[5]

In de jaren '90 is er in Canada een onderzoek gedaan waarin de hypothese werd getest of meer lichamelijk contact een veiligere hechting tussen moeder en kind bevordert. Laagopgeleide moeders kregen een draagzak uitgereikt, zodat zij het lichamelijk contact konden bevorderen, in tegenstelling tot de moeders uit de controlegroep, →

zij kregen kinderzitjes. In de controlegroep was slechts 28 procent van de kinderen in de leeftijd van één jaar veilig gehecht en in de onderzoeksgroep bedroeg dit percentage maar liefst 83 procent. Uit deze resultaten kon worden afgeleid dat er een oorzakelijk verband kan zijn tussen toegenomen lichamelijk contact - dat werd bereikt door vroegtijdig dragen in een zachte draagzak - en de veiligheid van gehechtheid tussen baby en moeder. [6]

Natuurlijk valt of staat een veilige hechting niet alleen met veel dragen. Sommige baby's willen nu eenmaal minder graag gedragen worden dan andere baby's. Zijn die baby's later dan onveilig gehecht? Tuurlijk niet. Veilige hechting heeft er ook mee te maken of je reageert op je baby als hij je hulp nodig heeft; of hij een liefdevolle aanraking ontvangt en of je hem troost als hij huilt; en of je veel tegen hem praat of voor hem zingt. Maar de misvatting dat we onze baby's verwennen als we ze veel dragen, kunnen we regelrecht overboord gooien en dat is hopelijk een hele geruststelling voor je. Naast dat onderzoeken de positieve effecten van dragen uitwijzen, is een baby onder de negen maanden simpelweg nog niet in staat om ergens aan te wennen. [7] Het is een basisbehoefte waarin je hem of haar voorziet en je kan je baby simpelweg nog niet verwennen, omdat de oorzaak-gevolgontwikkeling in de hersenen nog niet heeft plaatsgevonden. Sterker nog: een baby die wordt getroost als hij huilt en ervaart dat zijn ouders ingaan op zijn behoeften zal doorgaans minder vaak en minder lang huilen. Je baby leert dat zijn ouders er voor hem zijn met als gevolg dat er verbindingen in de hersenen worden gemaakt die ervoor zorgen dat de baby basisvertrouwen opbouwt. [8] Wat heeft dit voor gevolg op latere leeftijd? Kinderen kunnen later beter omgaan met stress, doordat er in de eerste maanden geen sprake is geweest van een langdurig verhoogd cortisolniveau.

Voordat jij nu in de stress schiet, omdat je baby soms huilt: baby's huilen, allemaal. De één wat meer dan de ander. Zodra je gaat googelen op hoelang baby's gemiddeld huilen (en geloof mij: dat ga je minstens één keer uit wanhoop doen), dan kom je tegen dat baby's tussen de zes en acht weken gemiddeld 2 tot 2,5 uur per dag huilen, niet aan één stuk, maar door de dag heen. Ik kon hier op sommige dagen gerust een uurtje bij optellen. Volkomen normaal dus en onze kinderen gaan hierdoor niet als gestreste kippen door het leven. Cortisol in normale hoeveelheden kan geen kwaad. Het kan enkel een negatieve uitwerking hebben als je baby over een langdurige periode stress ervaart door bijvoorbeeld huilen, zonder dat hij getroost wordt. Dus: relax maar, mama. *You got this!* ■

5 september 2019

That winning feeling wanneer je ineens een slapende baby in een bedje hebt liggen i.p.v. in de draagzak. Toch was het ook een fijne fase. Vooral omdat ik mezelf er volledig aan over kon geven, omdat ik wist dat het voorbij ging. Ik wist nu dat ze de eerste weken alleen maar zou slapen, dat ze in de weken die volgden alerter werd, huidhonger erbij hoorde, het heel waarschijnlijk lastig ging worden haar tussen de 1 en 4 maanden overdag in een bedje te laten slapen en wanneer het dan eindelijk lukte, de slaapjes bij hazenslaapjes bleven. Maar ik wist ook dat ze op een punt zou komen dat ze 2 slaapjes kon gaan koppelen. Ik wist het en dat scheelde de wereld, want het instinct van mijn baby kon ik niet veranderen, maar mijn mindset wel. En zo verstreken de maanden waarin ze overdag in de zak sliep. Vaak genoten we ervan, soms lachten we erom (want nooit meer alleen naar de wc) en af en toe liet ik een traan, als ik behoefte had aan space. Maar de dagen werden weken en de weken werden maanden. De draagzak is ingeruild voor haar bed, liggen is tijgeren geworden en het animatieteam kijkt slechts nog maar toe, want eigen spel is ineens vermakelijk genoeg om twee uur mee zoet te zijn tot het weer bedtijd is. Dus sorry liefje dat we soms vergeten dat je ook nog ergens in de kamer ligt. We moeten er zelf ook nog even aan wennen.

Wat baby's nodig hebben

MELANIE VISSCHER

- Moeder van Florentijn (7) en Emmelinde (3)
- Schrijfster van *Wat baby's nodig hebben*
- Eigenaar van de Oerzacht Academy, met online cursussen voor ouders
- Eigenaar van Behandelcentrum Ervaringsgericht, waar jeugdigen en volwassenen terecht kunnen met psychische problemen
  melanievisscher
  www.oerzacht.nl

Als ik toch één suggestie zou mogen doen als toevoeging voor het huidige kraampakket dan zou dat het boek *Wat baby's nodig hebben* zijn. Ik noemde 'm net al even, maar dit meesterwerk van Melanie Visscher is voor mij veel te belangrijk om enkel en alleen 'even' te noemen. Het geeft inzicht in wat baby's nodig hebben en waarom ze doen wat ze doen. Gebaseerd op wetenschappelijk onderzoek. Ik mocht haar interviewen en dat is een heel mooi en waardevol gesprek geworden dat je hopelijk de nodige kennis, steun en vertrouwen geeft voor die eerste kwetsbare maanden.

Waarom ben je het boek gaan schrijven?
Eigenlijk is de voornaamste reden dat ik zo verbaasd was dat het boek er nog niet was. Bij mijn eerste ging ik het eerst zelf heel erg proberen uit te zoeken en paste ik de meningen van de maatschappij toe. Ik probeerde het te doen, zoals van buitenaf verwacht werd. Maar alles in mijn lijf en gevoel zei, dat dit niet klopte en toen heb ik het heel snel losgelaten. Ik denk dat dat binnen een week was.

Wat snel! Dat vind ik hartstikke knap. Dat heeft bij mij wel echt veel langer geduurd.
Mijn eerste baby was, zo bleek achteraf, zo ziek en gespannen. Hij had het zo naar, dat ik wel moest. Ik kon gewoon niet anders en toen ik wat meer rust kreeg, ben ik gaan lezen en merkte ik dat het allemaal kleine puzzelstukjes aan informatie waren. Het was een enorme zoektocht om er een logisch verhaal van te maken. Toen dacht ik: 'Daar moet een boek van zijn!' Ik kon het niet vinden – zeker niet in het Nederlands – en nu is het er.

Voor de mensen die jouw boek niet kennen: je bent de wetenschap ingedoken. Je hebt veel onderzoeken gelezen en je hebt gekeken naar waarom een baby doet wat 'ie doet. En weet je wat ik het mooie vind? Het is zo ontzettend logisch, maar tegelijkertijd staat er allemaal informatie in die ik zo nodig had, toen Pip nog een baby was. Je bent zo ontzettend kwetsbaar en onzeker als je voor de eerste keer moeder wordt, waardoor je de meningen van anderen heel serieus neemt. Maar door jouw boek krijg je zoveel meer kennis, waardoor je echt weet dat je kan varen op je intuïtie en dat vind ik echt heel veel waard. →

In het boek schrijf je over de blauwdruk van de baby. Kan je ons wat vertellen over die blauwdruk? Wat is dat?

Een baby komt eigenlijk met een soort van verwachting op de wereld. Een verwachting dat zijn behoeftes worden gezien en dat daaraan wordt voldaan. Het is eigenlijk zo logisch en simpel. En het is ook niet heel erg ingewikkeld om een baby te snappen, want een baby geeft eerst wel heel erg genuanceerd aan wat hij nodig heeft, maar als je daar niet op reageert, wordt het steeds luider. En in onze blauwdruk zit het weer dat wij reageren op baby's. Met name een moeder kan niet rustig stilzitten, als haar baby huilt, dan raakt ze gewoon in de stress. Eigenlijk is het een voortdurende communicatie die bij ons beiden in onze blauwdruk staat geschreven.

Een baby komt heel erg open voor nieuwe ervaringen op de wereld, zodat hij precies afgestemd kan worden op zijn nieuwe omgeving. En alles wat jij doet en alles wat de omgeving doet, heeft invloed op wie hij later zal worden. De genen zijn zijn start, dat is de blauwdruk. Je kan dat zien als zijn fundering. In de interactie samen bouw je daarop voort. En zo wordt ingericht hoe hij later met stress om zal gaan, welke voorkeuren hij krijgt of welke taal hij zal leren. Dat staat allemaal open en wordt gevormd door de jaren heen.

Je noemt ook dat we zo in elkaar zitten dat we altijd een goede balans vinden dankzij die blauwdruk. Dus als je honger hebt, ga je eten; als je het koud hebt, warm je jezelf op en als je een baby hoort huilen, voel je de neiging om deze te troosten. Wanneer een baby te veel stress ervaart, doordat hij zich alleen moet redden in een wiegje, wordt er een verkeerd balanspunt ingesteld en dat, zeg jij in je boek, is blijvend. Hoe zit dat?

Als je naar je hersenen kijkt, kan je deze grofweg indelen in drie systemen. We hebben ons hogere denken, de cortex, dat ervoor zorgt dat we allerlei cognitieve functies hebben, zoals bijvoorbeeld onze behoeftes uitstellen of het vermogen ons te kunnen concentreren. Dit is laat ontstaan in de evolutie en daarom uniek voor ons als mens. Daarnaast zijn er ook oudere delen

Als je een baby alleen laat, raakt hij in de stress, want een baby is er niet voor gemaakt om alleen te zijn.

die we delen met zoogdieren en er is een nog ouder, primair deel dat je deelt met alle zoogdieren. Wanneer je helemaal in balans bent, heb je makkelijk toegang tot het hogere denken. Je kan je keuzes overdenken of een creatief proces laten ontstaan. Maar op het moment dat er sprake van onveiligheid is, schakel je terug naar die oudere systemen. De eerste terugschakeling heeft ermee te maken dat je klaar bent voor actie. Er komt dan allemaal adrenaline vrij en later ook cortisol, het stresshormoon. Je zenuwstelsel is zo alert dat je kan vluchten of vechten. Wanneer je in gevaar blijft, schakel je als het ware uit, dan bevries je en dat heb je gemeen met bijvoorbeeld een hagedis. Die blijft ook helemaal stilzitten en geeft zich over. Alleen de systemen die nodig zijn voor je overleving krijgen dan energie in je lijf en de rest niet. Dus als een baby in die fase zit, omdat er geen hulp komt, dan geeft hij zich over. Als je een baby alleen laat, raakt hij in de stress, want een baby is er niet voor gemaakt om alleen te zijn. Hij heeft voortdurend de ander nodig om zich goed te voelen, maar ook om al die systemen in zijn lijf goed te laten →

verlopen. Bij een heel jonge baby is het zelfs zo dat hij jou nodig heeft om rustig te kunnen blijven ademhalen of om z'n hartslag regelmatig te houden. Hij is zo nieuw op de wereld en alle dingen kunnen hem beïnvloeden. Dat kan positief zijn of negatief en dicht bij jou zijn is een heel positieve omgeving.

Dat is veilig...

Ja, dan voelt hij zich veilig en dan gaat 'ie dus overschakelen naar dat veilige en kalme systeem in de hersenen. Voelt hij zich niet veilig, dan zal hij eerst van zich laten horen. Je baby gaat dan huilen. Laat je je baby huilen, dan heeft hij op een gegeven moment niet meer het idee dat er hulp komt en dan gaat al zijn energie naar overleven. Dan lijkt hij dus heel kalm en dan lijkt het alsof hij lekker ligt te slapen, maar ondertussen blijven al die stresshormonen in het lijfje zitten. En als dat chronische stress wordt, als volwassenen kennen we dat ook, dan voel je je altijd een beetje alert en gejaagd. En je kan je voorstellen dat als je lijf nog in opbouw is en wanneer alles zich nog moet ontwikkelen, het lichaam 'die staat van zijn' ziet als normaal. Dus je ziet bij baby's die veel stress hebben gehad dat hun stresssysteem altijd wat gevoeliger is voor stress dan wanneer er adequaat op z'n gevoelens is gereageerd.

Ondertussen blijven al die stress-hormonen in het lijfje zitten

Ik vind het ongelofelijk dat met name het eerste jaar zo belangrijk is voor je verdere leven.

Ik vergelijk het altijd met een huis. Als je een huis bouwt en je maakt de fundering niet goed, dan kan je nog zoveel aandacht aan de rest van het huis besteden, maar het wordt nooit helemaal lekker. En gelukkig zijn wij, als mensensoort, wel heel erg flexibel. Het is niet zo dat als je je baby één keer laat huilen, daardoor de rest van zijn leven verpest is. Maar je kan ook niet zeggen dat het geen invloed heeft.

Het laatste wat we willen, is dat vaders en moeders die dit lezen nu elke keer compleet in de stress schieten, als hun baby huilt. Een baby huilt nu eenmaal. De één ook wat meer dan de ander en dat hoort er helemaal bij. Maar waar het om gaat, is dat je baby getroost wordt. En zelfs wanneer hij getroost wordt, kan hij blijven huilen, maar dan voelt hij wel die geborgenheid, waardoor het cortisol daalt, toch?

Ja, als je puur op fysiologisch niveau kijkt, zit het zo. Als je getroost wordt, als je het gevoel hebt dat iemand reageert op een manier die jij nodig hebt, komt er oxytocine vrij en dat hormoon is een neurotransmitter. Die neurotransmitter zorgt ervoor dat een andere neurotransmitter, bijvoorbeeld cortisol, geblokt wordt. Dus cortisol zorgt voor de reactie; 'Hey, ik kom in actie. Ik word alert.' En oxytocine zorgt voor het tegenovergestelde: 'Ik word kalm en ik voel mij veilig.'

Je legt ook heel duidelijk uit waarom baby's bepaalde gedragingen hebben en ik dacht het bij mijn tweede baby al helemaal te begrijpen. Ik begreep inmiddels dat ik niet van mijn pasgeboren baby kon verwachten dat zij zelfstandig in slaap zou vallen, nadat zij negen maanden in de buik was gewiegd. En ik begreep dat een baby om te overleven aangewezen is op de moeder, want daar is melk en daar is het veilig. En veiligheid heeft een baby nodig om te groeien. Maar wat ik uit jouw boek leerde, is nog iets heel nieuws. Gedragingen van een baby komen ook voort uit onze geschiedenis waarin nog in stammen werd geleefd.

Ik citeer: 'Er zijn weinig groepen meer hier in ons land. We leven gescheiden door muren en schuttingen in onze kerngezinnen. Het gemiddelde gezin heeft 2 ouders en 2,16 kinderen en dat is het dan. Maar ons lijf en dat van je kleine is niet gemaakt voor deze nieuwe constructie. Je baby verwacht een hele andere situatie aan te treffen waarin hij zijn ogen hier op de wereld voor het eerst opent. Je baby verwacht zijn moeder én haar stam.'

Dat klopt. Je baby verwacht dat natuurlijk niet bewust, maar we leven, zoals we nu leven, ongeveer 10.000 jaar. En als je die 10.000 jaar vergelijkt met al die tijd die ervoor zat, kan je je voorstellen dat heel veel informatie die wordt doorgegeven in onze genen pakketjes zijn uit de tijd daarvoor. En in die tijd was je als moeder nooit alleen. Je had vaak je moeder, je tantes, veel vrouwen om je heen die eigenlijk precies hetzelfde deden. →

Wat je ook uitlegt, is dat baby's zich niet graag weg laten leggen, omdat ze in de basis een oerbaby zijn. Ik vond het echt een *eyeopener*, toen ik las dat je baby niet weet in welke tijd hij geboren is. Hij weet nog niet dat het een tijd is waarin geen wolven of beren meer op de loer liggen. Het klinkt zo logisch, maar waarom denk je dat nog zoveel nieuwbakken ouders (inclusief ikzelf bij Pip) zich zorgen maken of het wel 'normaal' is om ze zoveel bij je te dragen?

Ik denk zelf dat dat stamt uit ongeveer de jaren '50 van de vorige eeuw. Er was een groep mannelijke artsen van middelbare leeftijd die zelf niet zo heel veel met baby's te maken had, maar bedacht dat het het beste zou zijn voor een baby, als hij op zou groeien tot een zelfstandig, functionerend individu en de mening van deze groep artsen was: laten we daar maar zo snel mogelijk mee beginnen. Een baby moet zichzelf redden, want wij willen niet dat een baby continu ergens om vraagt en dat hij verwend raakt. De gedachte was: als we het gedrag van een baby belonen, wanneer die ons nodig heeft, dan went hij daaraan en dan zal hij later altijd maar hulp nodig hebben. Dus wat zeiden ze? 'Laat een baby er maar aan wennen dat er niemand komt, want dan wordt het later niet een verwend kind.' En wie wil er nou een verwend kind? Nou, ik wil een verwend kind, want ik wil dat mijn baby weet dat als hij mij nodig heeft, ik er ben.

Het is echt een denkfout dat baby's verwend raken, wanneer er aan hun behoeftes tegemoet wordt gekomen. Een baby leert eerst te vertrouwen op jou, maar daardoor in het verlengde op zichzelf. En je ziet bij kinderen die veilig gehecht zijn dat ze op latere leeftijd juist verder weg bij de moeder durven te gaan ontdekken en nieuwe situaties opzoeken. Dus die zelfstandigheid wordt in de hersenen helemaal niet gevormd op heel jonge leeftijd, maar veel later. De hersenverbindingen die nodig zijn om zelfstandigheid te laten ontstaan, zijn eerst: veiligheid, vertrouwen en het gevoel dat er naar je wordt geluisterd. Dus je kan wel bedenken, als middelbare man, dat het handig is om een zelfstandige baby te hebben die je zou kunnen passen en meten binnen het eigen ritme van je leven, maar dat betekent niet dat het lijfje van de baby zo werkt. De maatschappij probeert als geheel vaak ideeën toe te passen die binnen onze ritmes passen, maar gaat er aan voorbij aan wat zo'n lijfje eigenlijk nodig heeft. Het is eigenlijk heel logisch. Als je een baby oppakt en de baby stopt daardoor met huilen, wordt kalm en valt in slaap, dan weet je dat dat de juiste handeling is.

Ik vind het zo jammer! Met terugwerkende kracht voor mezelf, maar ook voor alle moeders die worstelen met de mening van anderen. Die zich afvragen: moet ik me daar wat van aantrekken of luister ik naar mijn eigen, sterke intuïtie?
Eigenlijk is dat ook niet onze schuld. Wij zijn als mens een heel sociaal dier, dus bij onze blauwdruk hoort net zo goed dat we de mening van een ander heel hoog hebben zitten. Want wilden we overleven, dan hadden we onze groep nodig. We leefden eerder in groepen die niet groter waren dan 150 man en onze manier van leven was zo vanzelfsprekend dat die kennis gewoon helemaal paste bij wie wij waren en hoe we in elkaar zaten. Maar nu is de wereld zo groot geworden en onze blauwdruk weet eigenlijk niet dat we nu dus beter naar onze intuïtie moeten luisteren, omdat er te veel meningen zijn.

Verwen je baby vooral

In de afgelopen jaren heb ik gemerkt dat er een grote angst zit bij ouders dat ze hun baby's, die soms enkele weken of enkele maanden oud zijn, verwennen als ze hem dragen of vaak op zijn behoeftes ingaan. Wat zou jij tegen deze ouders willen zeggen?
Verwen je baby vooral. Wij hebben een negatieve associatie met verwennen. Maar wat is verwennen nou eigenlijk? Bij verwennen denk je aan een klein kind dat zeurt om een snoepje en dat je het hem maar geeft om van het gezeur af te zijn. Bij je baby wil je de reden van het huilen wegnemen om hem een veilig gevoel te geven. Je wilt je baby het gevoel geven: 'Wat er ook is, ik ben er voor je.' En de volgende vraag die vaak na dit antwoord komt, is: 'Creëer je dan geen slechte gewoontes?' Een gewoonte kan best ontstaan. Het zit ook in onze hersenen dat we herhaling prettig vinden. Dus elke keer als we de borst krijgen en dat prettig vinden, dan wennen we daaraan en vragen we elke keer om die borst. En wat je niet wilt, is dat je kind twaalf is en nog aan de borst in slaap valt, maar dat gebeurt ook echt niet.

Nee, want je kind verandert natuurlijk ook. Zijn behoeftes veranderen...
Dat is het. Je pakt precies het goede punt, want op het moment dat je behoeften veranderen, veranderen de gewoontes mee. En een behoefte blijft niet hetzelfde.
→

Wat een mooie boodschap: wanneer de behoeftes veranderen, verdwijnt de gewoonte.

Ja, en daar mag je op vertrouwen. We vinden het spannend om te vertrouwen op onszelf, maar ook op onze baby en dat het niet voor altijd zo doorgaat. We hebben een enorm voorstellingsvermogen: 'Oh nee, straks ben ik aan het werk en vraagt mijn baby nog dit en dat, en dat kan niet, dus het moet nu veranderen.' Je kan het zo zien: mijn baby ontwikkelt zich en als ik mijn baby geef wat hij nodig heeft, ontwikkelt hij zich sneller en beter dan wanneer ik dat niet doe. Juist nu zoveel mogelijk verwennen en zorgen dat hij zich optimaal kan ontwikkelen, dan veranderen de behoeftes en zie je de gewoontes ook mee veranderen.

Welke gevolgen heeft het als je niet voorziet in de behoefte naar geborgenheid?

Hoe gevoeliger jouw baby is voor invloeden uit de omgeving, hoe meer effect een bepaalde actie heeft op de lange termijn. En dat heeft zowel een positieve als een negatieve kant. Baby's die gevoeliger zijn en hebben gekregen wat ze nodig hebben, doordat er responsief op hen is gereageerd, maken makkelijk vrienden, zijn sociaal en doen het goed op school. Baby's die gevoelig zijn, maar niet hebben gekregen wat ze nodig hadden, omdat je ze bijvoorbeeld hebt laten huilen in een bedje, hebben meer kans om later gevoelig te zijn voor stress of zij hebben meer kans op het krijgen van een burn-out.

En dat heeft dus te maken met het verkeerde balanspunt dat in het babyjaar is ingesteld?

Precies. De manier waarop het hechtingsproces verloopt, heeft daar ook veel invloed op. Als jij als baby niet het gevoel krijgt dat de ander er voor je is, als je iets nodig hebt, of als jij je niet geliefd of veilig voelt, dan neem je dat mee. Zonder veilige hechting kun je jezelf gaan overschreeuwen of in situaties terechtkomen die helemaal niet prettig zijn. Maar dat doe je gewoon, omdat je niet goed kan voelen wat je nodig hebt of je wordt heel erg verlegen of angstig. Die veilige hechting is dus heel erg belangrijk. Het is je fundering.

En als hersenen zich niet veilig voelen, dan gaat het leren naar een tweede plan. Dus op het moment dat de hersenen energie moeten leveren aan gedachtes als: 'Is het wel veilig? Ik moet me beschermen.' Dan gaat die energie bijvoorbeeld niet naar groei en ontwikkeling of naar rekenen en taal.

Het dragen van je baby draagt ook bij aan het afvoeren van afvalstoffen las ik. Wat interessant! Nooit geweten.

Bij groei worden nieuwe verbindingen aangemaakt en komen er ook afvalstoffen vrij en die moeten afgevoerd worden via het lymfesysteem. Als dat niet gebeurt, ontstaat er een soort druk in het hoofd en daar heeft de baby last van. Dat merk je ook in een periode van enorme groei. Een baby is huilerig, heeft het zwaar en slaapt slecht. Beweging zorgt ervoor dat die afvalstoffen worden afgevoerd. In de hersenen zit een reservoir aan nieuwe cellen, stamcellen, die nodig zijn voor die nieuwe cellen in je hersenen om weer wat nieuws te leren. Op het moment dat er een goede afvoer is, treedt er een zuigend effect op. En dan kunnen die nieuwe cellen weer verder groeien in de hersenen. Beweging is dus echt heel erg belangrijk.

Melanie, is er nog iets wat jij wilt zeggen tegen iedereen die dit nu leest?

Ik krijg zelf heel vaak de vraag: 'Is het normaal dat mijn baby niet doorslaapt?' Het gebrek aan slaap is, denk ik, één van de grootste problemen die ouders tegenkomen. Maar het is, denk ik, heel goed om te beseffen dat een baby niet slaapt, zoals wij slapen. We hebben het veel gehad over veiligheid en geborgenheid, maar dat heeft een baby niet alleen overdag nodig. Een baby wordt ongeveer elke 50 minuten even wakker om te checken of z'n omgeving nog veilig is. Er zijn baby's die heel makkelijk vanzelf weer in slaap vallen en anderen hebben daar wat hulp bij nodig.

Ze hebben geen verborgen agenda. Ze denken niet: 'Goh, laat ik mijn moeder lekker even wakker maken.' Ze hebben iets nodig en dat gaat 's nachts ook door. Het is geen gewoonte dat je baby altijd een voeding nodig heeft of altijd even een slokje wilt drinken of dat je ze even moet wiegen, zodat ze weer in slaap vallen. Het is precies wat nodig is om de ontwikkeling het beste te laten verlopen en die ontwikkeling is ook het sterkst in de nacht. In de nacht vindt de meeste groei plaats en gebeurt er van alles. Het is normaal babygedrag om wakker te worden.

Het is een mooie boodschap om aan je baby mee te geven: 'Jij mag zijn, zoals jij bent; je mag je ontwikkelen met alles wat jij in je hebt. Je hoeft je niet aan te passen aan een ander. Je hoeft niet anders te zijn.' En dat begint al vanaf het begin. ∎

Slaap, kindje, slaap

Nu je weet welke verwachtingen je baby de eerste maanden heeft, hoop ik zo voor je dat jij je (gemakkelijker) aan deze maanden kunt overgeven. Overgave en acceptatie waren *the key to succes* in mijn proces. Toen Rosie en ik na de kraamweken de landing hadden ingezet, begon ik aan onze '*back to reality* reis' zonder verwachtingen en met de wetenschap dat háár verwachtingen van mij heel hoog waren. Precies dát maakte het verschil tussen mijn twee ervaringen. Ik vaarde de eerste keer voornamelijk op meningen van anderen en de tweede keer liet ik mijn koers bepalen door mijn intuïtie en de wetenschap. Als het nu jouw eerste keer is dat je moeder wordt, gun ik je het laatste. Ik gun je dat natuurlijk ook als het niet je eerste keer is, maar waarschijnlijk doe je dat dan toch al meer.

9 juli 2019

Haha, wat denk je. Ik hoopte voor de geboorte van Rosie zó dat ik dit keer gezegend zou zijn met een baby die heel easy vanaf het begin in haar bedje zou slapen. Jammer joh, was niet zo, dus ik had het maar snel geaccepteerd dat ik haar zelfs schijtend op de wc in de draagzak had (is niet altijd goed gegaan). Enige voordeel was wel dat ik door de eerste wist dat het vanzelf goedkomt en ook hoe het komt dat veel baby's er in het begin moeite mee hebben. Dit gaf zovéél rust en genoeg stof tot schrijven, waardoor andere vrouwen er hopelijk ook het vertrouwen in kregen dat het vanzelf goedkomt. Sharing is caring! Nu is het sinds een tijdje eindelijk zover en gaan veel slaapjes (lang niet alle slaapjes en altijd hoor) goed in haar eigen bed. Nu is dat ook weer niet goed, want nu mis ik haar op en tegen mij aan. Dus note to myself: GENIET, want het gaat véél te snel. #wantover8maandenalweer1

De eerste maanden zijn bijzonder en zwaar tegelijk, want deze tijd komt nóóit meer terug. Met weemoed denk ik terug aan dat plakkerige lijfje tegen de mijne, maar *in the middle of the struggle* snakte ik regelmatig naar bewegingsvrijheid. Die vrijheid komt met de tijd écht terug, want naarmate kindjes ouder worden, wordt hun afhankelijkheid van jouw lichaam minder groot. Vanaf dat moment vond ik het heel fijn dat mijn baby's langzaamaan wenden aan het wiegje en ik leerde ze vanaf nu hoe zij zelfstandig in slaap konden vallen. En laat zelfstandig in slaap vallen nou net een vaardigheid zijn die kinderen, net als praten en lopen, moeten leren. En daarom ben ik in gesprek gegaan met Susanne Willekes. →

SUSANNE WILLEKES

- Moeder van Viggo (11),
Sofia (8) en Bodhi (5)
- De eerste gecertificeerde
kinderslaapcoach van Nederland,
ze begeleidt wereldwijd gezinnen
met haar praktijk *The Sleep Agency*
- Auteur van het boek *Slaap!*
thesleepagency
www.sleepagency.com

Slapen én jonge kinderen. Het is me wat, zeg. Ik put nu niet alleen uit eigen ervaring, maar ik spreek online ook heel veel moeders over dit onderwerp en het is wel echt een dingetje.

Ja, er zijn zoveel ouders die daar in meer of mindere mate tegenaan lopen. Vierenhalf jaar geleden ben ik mijn praktijk gestart. Enerzijds startte ik deze praktijk vanwege de ervaring die ik met onze oudste had, maar ik signaleerde ook een behoefte in de markt. Ik ben de eerste, inmiddels niet meer de enige, maar de eerste, Nederlandse, gecertificeerde slaapcoach die zich met gedragsmatige slaapissues van baby's en jonge kinderen bezighoudt. Het nam vanaf het begin af aan zo'n enorme vlucht. Jaren geleden verkeerde dit onderwerp nog veel meer in de taboesfeer. Ik weet dat ook nog uit de tijd dat mijn oudste een baby was, inmiddels is dit elf jaar geleden. We worstelden anderhalf jaar lang met een heftig slaapgebrek. Er was nog weinig over te vinden en er werd ook niet echt over gesproken. Misschien is het wel dankzij de social media zo dat mensen zich er nu over uitspreken, het is heel fijn dat men zich realiseert dat het niet (per se) de fout van de ouder is of dat de ouders falen.

'We worstelden anderhalf jaar lang met een heftig slaapgebrek'

Precies dat vond ik zo'n enorm fijn inzicht dat je deelt in jouw boek. Je hebt het boek *Slaap!* geschreven en daarin beschrijf je helemaal hoe het slapen werkt en je geeft heel veel tips! Het is echt een aanrader voor iedere zwangere of ouder met jonge kinderen. Als jouw kind niet goed slaapt, betekent het niet dat jij een slechte opvoeder bent, schrijf je in *Slaap!*. Ik heb het wel even zo gevoeld, toen Pip heel jong was.

Het is één van de belangrijkste boodschappen die ik met mijn boek wil uitdragen; ouders een hart onder de riem steken en herkenning bieden. Wanneer je kind slecht slaapt, heeft dat niks te maken met je IQ, EQ, succes op andere vlakken of hoe goed je als ouder bent. Slapen en jonge kinderen is vaak gewoon veel ingewikkelder dan de meeste mensen denken. Veel mensen vragen daar hulp bij, want slaapgebrek heeft een enorme impact op de mentale en fysieke gezondheid van kinderen, maar ook op die van de ouders. Het slaapgebrek heeft ook echt vergaande maatschappelijke gevolgen. Als je ziet dat ik gezinnen coach waarvan de ouders de auto langs de kant van de weg moeten zetten, omdat ze een paniekaanval krijgen of bijna in slaap vallen. Ook zijn er ouders die chronische rug- of hoofdpijn hebben, in een burn-out zitten of relatieproblemen krijgen. Je kunt je dus wel voorstellen hoe enorm groot de impact is van slaapgebrek. Slaap is de fundering van je gezondheid. Het is eigenlijk belangrijker dan voeding en beweging. →

Vanuit de medische hoek is er de afgelopen jaren ook meer en meer erkenning voor de impact die een kind met slaapproblemen heeft op het héle gezin. Deze ontwikkeling zal er alleen maar toe leiden dat meer mensen, of het nou via internet, boeken of coaching is, toch om hulp vragen en het slaapprobleem niet zien als een tekortkoming van zichzelf.

Toch is het gek dat we het volstrekt logisch vinden dat een kind moet leren lopen, fietsen, praten en zelfs binnen de lijntjes kleuren, terwijl we ons er niet zo bewust van zijn dat slapen ook een vaardigheid is die jonge kinderen moeten leren.
Eén van de dingen die ik vaak zeg tegen gezinnen, is dat ze zich moeten realiseren dat slapen een aangeleerde vaardigheid is. Baby's worden geboren zonder interne klok. Het verschil tussen dag- en nachtritme ontstaat pas zes tot acht weken na de geboorte. En dan moet je uitgaan van de uitgerekende datum en niet van de geboortedatum. Ik coach baby's pas vanaf zes maanden.

Je zegt in je boek ook dat baby's vanaf zes maanden er neurologisch, mentaal en fysiek klaar voor zijn om zelfstandig in slaap te vallen.
Ja, ze hebben dan de 'vijf-maandensprong', die heel heftig is, gehad en vanaf zes maanden hebben ze het vermogen om minimaal 45 minuten (zolang duurt één slaapcyclus van een kind vanaf de geboorte tot en met twee jaar) vol te maken en eventueel de volgende daaraan vast te plakken.

Ik heb meteen een vraag aan jou, het gaat over iets waar ik zelf ook heel druk mee ben geweest: hoe kan ik slaapjes koppelen?
Het ligt een beetje aan de leeftijd van het kindje. Heb je het over die eerste vijf of zes maanden, dan doe je er goed aan als je je kindje steeds helpt bij het opnieuw in slaap vallen. Dat kan op verschillende manieren: opnieuw de speen geven, wiegen, met je kindje in de kinderwagen lopen of het kindje bij je in de draagzak nemen. De missie is dan altijd dat de slaaptank gevuld blijft, want je wilt dat je baby zoveel mogelijk van het benodigde aantal uren slaap overdag haalt, want anders zul je merken dat het een negatief effect heeft op de nacht.

Je benoemde in je boek (en dat neemt, denk ik, veel stress weg bij jonge ouders); dát ze slapen is die eerste maanden veel belangrijker dan wáár ze slapen.
Inderdaad. Dat baby's slapen is dan nog veel belangrijker dan waar ze slapen en de manier waarop. Als je dus een baby'tje hebt dat zich niet zomaar laat neerleggen, hard moet huilen, zich tegen de slaap verzet of elke keer maar 20 à 30 minuten slaapt, zeg ik altijd: 'Doe er alles aan en zorg ervoor dat je kindje langer slaapt. Het maakt niet uit dat je een slaapassociatie creëert, want deze associatie kan je - relatief eenvoudig - vanaf zes maanden er weer uit coachen.' En je moet je als ouder ook realiseren dat het al heel knap is als je baby een cyclus van 45 minuten voltooit. Dat is voor veel

jonge baby's al moeilijk. Lukt het jou nou niet om je baby weer opnieuw in slaap te brengen? Raak dan niet gestrest, maar zorg er dan voor dat hij vijf keer drie kwartier op een dag slaapt. Probeer slaapjes van 20 tot 35 minuten altijd te verlengen tot één cyclus. Vanaf zes maanden hebben baby's fysiek gezien het vermogen om slaapjes te koppelen. De 'wakkertijden' moeten vooral niet te lang zijn, want dat kan er op jonge leeftijd toe leiden dat baby's korter slapen. Als je een kindje dat ouder is dan zes maanden overdag nog in slaap helpt, dan is de kans groter dat het kindje binnen die eerste cyclus wakker wordt, omdat de baby in eerste instantie in slaap is geholpen. Als een kindje zelfstandig in slaap valt, zonder hulp, weten ze ook beter wat ze moeten doen als ze na 38 of 40 minuten wakker worden. Ze worden niet wakker, omdat ze uitgerust zijn, maar ze worden wakker, omdat de overgang van een lichte naar een diepe slaap, of van een diepe naar een lichte slaap of van een diepe naar een droomslaap nog moeilijk zelf kunnen doorpakken. Dit is een fysiologisch proces, dat uiteindelijk met de leeftijd komt, maar dat je ook aan kan leren vanaf zes maanden. Hechting is in die eerste maanden

dus veel belangrijker dan de manier waarop een baby slaapt. Een baby bij je dragen of een baby laten slapen in een bedje bij jullie op de kamer is alleen maar fijn voor de hechting. Ik krijg nog weleens vragen over wat nu precies een slaapprobleem is en natuurlijk is daar een medische term voor, maar mijn uitleg is altijd: 'Zolang ouders iets niet als een probleem ervaren, zie ik het ook niet als een probleem.' Ik ben er gewoon voor de oplossing. Als ouders bij mij aankloppen, omdat ze het niet meer volhouden of verandering willen, dan ben ik er.

> '**Een baby bij je dragen of een baby laten slapen in een bedje bij jullie op de kamer is alleen maar fijn voor de hechting**'

Goed dat je dat zegt, want wat voor de één een probleem is, bijvoorbeeld een kind dat in slaap gekriebeld moet worden, kan een ander een heerlijk moment vinden.
Dat is het. Sommige ouders vinden het ook helemaal oké, als een kind tussen 04.00 uur en 05.00 uur 's nachts tussen hen inkruipt en bij andere ouders gaat ditzelfde tafereel ten koste van hun eigen nachtrust.

Een ander mooi inzicht uit je boek: het laat naar bed brengen betekent niet dat je kind langer uitslaapt.
Pas wanneer kinderen een jaar of zes, zeven of acht zijn, krijgen ze het vermogen om uit te slapen, wanneer ze later naar bed zijn gegaan. →

Ieder kind heeft een natuurlijke bedtijd, dat betekent 'in slaap zijn'. Dit staat los van het starten met de routine of het nog wakker in bed liggen, het betekent echt het slapen. Voor kinderen tot een jaar of zes ligt die tijd tussen 18.00 en 20.00 uur 's avonds. Dat is gewoon universeel. Als een kind later in slaap valt, of pas in bed wordt gelegd na zijn natuurlijke bedtijd (en die achterhaal ik altijd met gezinnen), dan raakt dat lijfje vermoeider. Die vermoeidheid maakt dat het lichaam cortisol aanmaakt, een stressgerelateerd hormoon. Dat hormoon zorgt ervoor dat kinderen vaker wakker worden 's nachts en zelfs 's ochtends eerder wakker worden dan de meeste ouders hopen. Datzelfde gebeurt trouwens ook, als kinderen overdag niet het aantal uren halen dat ze voor hun leeftijd nodig hebben.

Merk je dat dan in de nacht, doordat ze bijvoorbeeld vaker wakker worden?

Ja! Heel veel mensen denken dat een uurtje later op bed leggen helpt, zodat het kind 's ochtends langer slaapt of ze laten het kindje overdag minder slapen, zodat het kind 'lekker moe' is en snel in slaap zal vallen. Die vermoeidheid maakt het alleen maar erger, want kinderen zullen hierdoor moeilijker in slaap komen óf vrijwel direct na bedtijd, en juist dit kan er ook toe leiden dat kinderen vaker wakker worden 's nachts of eerder in de ochtend. Dus voldoende slaap overdag is essentieel.

Oftewel, wat jij altijd zegt: 'Slaap maakt slaap.'

Dat is het absoluut. In de coaching probeer ik altijd te bereiken dat ouders de vermoeidheid van hun kinderen terugdringen, zodat zij toewerken naar een goede kwantiteit, maar zeker ook een goede kwaliteit van slaap. Een uitgerust kind slaapt beter dan een vermoeid kind.

Wil je weten hoe je achter de natuurlijke bedtijd van jouw kind komt?

Luister Podcast 📱

Hoe weet je zeker dat je achter de natuurlijke bedtijd van jouw kindje bent gekomen?

Om te zien of je de puzzel kan maken, werk je gedurende één tot twee weken met een vaste bedtijd. Leg je je baby in bed en valt je kindje binnen 1 à 3 minuten in slaap? Dan is je baby waarschijnlijk te slaperig geweest en dat kan betekenen dat het eigenlijk al iets te laat was voor jouw kindje. Of het was wel de goede bedtijd, maar je kindje werd 's middags vroeg(er) wakker, waardoor de wakkertijd te groot was. Doet je kind er een halfuur tot drie kwartier over om in slaap te vallen? Veel ouders denken dan dat de bedtijd te vroeg was, maar dan kan deze juist ook te laat zijn geweest. Als het te laat is, kickt die cortisol erin. Baby's en kinderen worden dan vaak hyperactief van vermoeidheid. Prettige wedstrijd om ze dan nog in slaap te krijgen.

Nou, inderdaad! Wanneer we Pip, met alle goede en gezellige bedoelingen, op laten blijven, duurt het véél langer voordat we haar in slaap krijgen dan wanneer ze op tijd naar bed gaat.

Ja, dat heeft daar dus mee te maken. Mijn moeder zei vroeger altijd: 'De uren voor 00.00 uur tellen dubbel.' Wat ze daar eigenlijk mee bedoelde, is dat in de slaapcycli tussen 21.00 uur en 00.00 uur de grootste portie diepe slaap zit. Diepe slaap zorgt voor herstel van het lichaam. Droomslaap zit vaker in de vroege ochtend, zo tussen 03.00 à 04.00 uur en 06.00 uur. Die droomslaap is ontzettend belangrijk voor het herstel van het brein. Vaak zie je bij ouders die kindjes hebben met een zogeheten *early rising* (zo noem ik het altijd, als kinderen voor 06.00 uur wakker zijn en klaar zijn voor de start van de dag) dat zij dag in dag uit een heel groot deel van een droomslaap missen. Juist deze ouders hebben vaak het gevoel dat zij mentaal doordraaien en het niet meer volhouden. Bij volwassenen wordt rond 05.00 uur de grootste portie melatonine aangemaakt, dus wij zijn op dat moment op ons aller- vermoeidst en meest inconsequent.

→

Wat kan je doen tegen *early risers*?
De volgende factoren zorgen ervoor dat je die zogeheten *early rising* in de hand werkt. Een vroege ochtend wordt vaak voorafgegaan door:
1. Een te late bedtijd
2. Te weinig slaap overdag
3. Een te lange wakkertijd tot bedtijd
4. Slapend in bed worden overgelegd.

'Consequent zijn is echt belangrijk'

Het is belangrijk dat je kind wakker genoeg in bed ligt en het liefst zelf in slaap valt. Je moet je realiseren dat de hulp die jij je kindje biedt bij het in slaap vallen, ook de hulp is die zij gedurende de nacht of in de vroege ochtend nodig hebben bij het opnieuw in slaap vallen. Weet dat het gemiddeld twintig minuten duurt voor een baby, een kind, maar ook een volwassene in slaap valt. Duurt het dus korter? Dan is het kind waarschijnlijk te slaperig geweest. Duurt het langer? Dan is het kind in de meeste gevallen te laat naar bed gegaan of al te lang wakker. En 5: inconsequentie. Hier ligt natuurlijk meteen de grootste uitdaging voor ouders. Op het moment dat een kind meerdere keren per nacht wakker wordt of heel vroeg wakker wordt, gebeurt er vaak elke keer iets anders. De ene keer komt de vader naar het kindje toe en loopt een rondje met het kind, de andere keer komt moeder en ze gaat er even bij liggen, de

volgende keer krijgt het kind een aai over z'n bol en weer een andere keer wordt het kind in bed genomen. Het is volstrekt logisch dat dit gebeurt, want je zoekt naar manieren om het voor elkaar te krijgen of zelfs te verbeteren. Tegelijkertijd probeer je jezelf op de been te houden, maar consequent zijn is echt belangrijk. Even voor de duidelijkheid. Kinderen tot twee jaar hebben een slaapcyclus van 45 minuten en vanaf twee jaar gaat deze richting de 90 minuten. Tegen het einde van elke slaapcyclus wordt het lichaam geheel of gedeeltelijk wakker. En wij, die de slaapvaardigheid beheersen, trekken ons dekbed op of we verliggen even. Een kind dat die slaapvaardigheid, die onafhankelijkheid en zelfstandigheid nog niet beheerst, zal dus wakker worden en nodig hebben wat ze gewend zijn, zodat zij weer in slaap kunnen vallen.

Hoe herken je slaapsignalen bij je kind?
Er zijn er heel veel! Uiteraard zijn jengelen of huilen echte slaapsignalen, maar het type huiltje kan ook weer verschillen, de ene keer is het uit verveling, een andere keer is het vanwege overprikkeling of het kan natuurlijk honger zijn. Daarnaast is staren of het hoofd wegdraaien een teken van vermoeidheid. Sommige ouders beschrijven ook dat hun kindje rode wenkbrauwen of rode ogen krijgt. Aan het oor zitten kan ook een teken van vermoeidheid zijn. Bij de wat oudere kinderen kan je het opmerken aan het continu zeuren of veel vallen. Er zijn natuurlijk ook

kinderen die helemaal niks laten zien. Vooral voor die ouders is het belangrijk dat zij echt op de klok kijken en in de gaten houden of het kind niet te lang wakker is. Let bij jonge kinderen dus op slaapsignalen, maar ook op de klok en wakkertijden. De juiste wakkertijd hangt af van de leeftijd. Bij alerte kinderen moet je goed in de gaten houden dat zij niet te lang wakker zijn, want juist aan deze kinderen zie je niet dat ze moe zijn. Wij dachten bij onze oudste zoon ook dat hij minder slaap dan gemiddeld nodig had, maar in figuurlijke zin rende hij zich compleet voorbij. Zeker die kleintjes raken compleet overprikkeld, waardoor ze vervolgens helemaal niet in slaap kunnen vallen of maar heel kort slapen.

Op Instagram vroeg ik of er vragen waren voor jou en dat waren er zovéél! Laten we er een paar beantwoorden.

Vraag 1: Hoe doorbreek ik de routine van het steeds in slaap moeten wiegen (zoontje van acht maanden)? De bedtijd 's avonds leent zich het best voor het zelfstandig in slaap leren vallen. Als ik coach, begin ik vaak met bedtijd en nacht als geheel en pak ik soms direct de dag daarna of een paar dagen daarna het slapen overdag mee. Het slapen overdag is veel moeilijker voor een kind en minder natuurlijk dan slapen 's avonds en 's nachts. Dit heeft alles te maken met de interne klok die wordt aangestuurd door licht en donker. Probeer je kind overdag met wiegen zoveel mogelijk aan zijn uren te laten komen. Een kindje van acht maanden heeft overdag gemiddeld 3,5 uur slaap nodig en 's nachts een uur of 11. Dus zorg dat je kindje bij voorkeur die drie uur slaap pakt overdag, 's avonds niet te laat naar bed gaat en dan is dat het moment waarop je hem slaperig, maar wakker, na een rustige bedroutine in zijn bedje legt. Je baby zal dan in eerste instantie denken: 'Help, wat doe je me aan? Ik weet nog niet hoe dit moet.' Dat geldt voor elke vaardigheid die een kind leert, dat gaat niet altijd zonder slag of stoot. Het komt dan neer op een stukje coaching. Als je bij hem in het kamertje blijft, zal hij merken dat z'n ouders er voor hem zijn. Je gaat waarschijnlijk ook merken dat hij minder vaak wakker wordt en dat hij dus ook zonder wiegen in slaap leert vallen. Als dat best goed gaat, probeer het dan ook overdag bij het eerste en het tweede slaapje. Het derde slaapje, dat voor deze kleine waarschijnlijk snel verdwijnt, mag altijd nog op de oude manier, want dat is de lastigste van de drie. Dus help hem daar nog even bij en over een paar weken gaat dat slaapje er waarschijnlijk uit en gaat de baby over naar het ritme van twee slaapjes.

In jouw boek vind je precies wat je kan doen op het moment dat je hem in z'n bedje legt en hoe je hem kan helpen.
Ja, klopt! Je geeft je kindje daarmee de ruimte; hij leert zelf in slaap vallen voor de rest van zijn leven.

Als je kindje overstuur raakt, betekent het dan dat hij er nog niet aan toe is?

Bij een kindje van acht maanden is dat niet per se het geval. Het is niet leuk als een baby van acht maanden in paniek raakt, de vraag is dan wel: in hoeverre wil je het doorbreken en veranderen? Daar komt een stukje motivatie om de hoek kijken. Weet dat temperamentvolle en/of sensitieve kinderen snel overstuur kunnen raken. Dat kan een eerste reactie zijn, maar als je er consequent en liefdevol mee omgaat, door er gewoon te zijn, door je kindje gerust te stellen en hem te laten voelen dat je van hem houdt, zal je zien dat het steeds minder wordt en het kindje blij is dat hij in zijn bedje wordt gelegd, omdat hij heeft geleerd wat hij daar moet doen.

Hoelang laat je een kindje aanrommelen?

Bij bedtijd 's avonds en 's nachts is er eigenlijk geen maximum en overdag probeer je het een uur en als het dan niet is gelukt, haal je je kindje eruit. Wanneer je kindjes van zes maanden (en ouder) coacht, blijf je er altijd bij, je gaat niet weg en je mag fysiek en verbaal geruststellen. Een kindje mag ook van zich laten horen, als zijn blokkentoren is omgevallen, of als hij leert lopen en op zijn gezichtje valt. Bij het leren van die vaardigheden pak je ook z'n hand vast, spreek je hem ook liefdevol toe en begeleid je hem. Dat is de manier waarop je een vaardigheid aanleert. Er is geen enkele manier waarop je een kindje een vaardigheid kunt aanleren, zonder dat er tranen om de hoek komen kijken. Tenzij je afwacht tot het vanzelf komt, maar ik coach dus kinderen die vijf, zes, zeven jaar oud zijn en die nog nooit een nacht in hun eigen bed hebben geslapen. Dan is het de vraag: wil ik dat en kan ik het aan als ouder en kan ik het voor mezelf pareren dat huilen hun manier van communiceren is? Hij mag het ook even niet begrijpen of snappen en die emotie mag er ook zijn, maar ik leer hem dat ik er voor hem ben. Het is heel belangrijk dat een kindje zich gehoord en geliefd voelt, maar tegelijkertijd toch iets kan leren wat hij in het begin heel moeilijk vindt. Het heeft ook echt iets heel moois, want er wordt afscheid genomen van de slaapassociaties waarbij ouders helpen en ze nu op zoek gaan naar eigen slaapassociaties, zoals: voetjes over elkaar wrijven, met het hoofdje van links naar rechts bewegen, een hechting met een knuffeltje of de voetjes in de lucht gooien en op het matras laten vallen. Ze vinden hun manier waarop ze relaxed in slaap kunnen vallen. Het is aan de ouder of ze dit willen en zij bekijken wanneer hun kind er klaar voor is. Als mensen er echt doorheen zitten en iets heel graag willen veranderen, dan kan het ook echt zonder dat je de slaapkamerdeur dichtgooit en het kindje alles zelf uit laat zoeken.

Heb je weleens van nachtangsten bij kinderen gehoord? Luister hier naar de podcast met Susanne waarin ze uitlegt wat het is en hoe jij ermee om kan gaan.

Luister Podcast 📱

Vraag 2: Hoe verander je slaapgedrag als je kindje drie jaar oud is?

Het kan! Dat is het goede nieuws. Wat het uitdagend maakt, is dat het kindje hoogstwaarschijnlijk in een peuterbedje ligt en er dus uit kan komen en alle smoezen uit de kast kan halen. Op die leeftijd, en dat herken je misschien wel, zijn ze creatief, inventief en manipulatief, maar het kan zeker. Soms zie je bij kindjes dat het al dateert vanaf de geboorte en dat het altijd al moeizaam was en met *ups-and-downs* gepaard ging, of dat het ineens ontstond op het moment dat een kindje een broertje of een zusje kreeg, of sinds het middagslaapje eruit is of vanaf het moment dat het kindje is overgegaan naar een peuterbed en ineens zijn vrijheid ruikt. Op die leeftijd kan een positief beloningssysteem heel goed werken, je kunt samen afspraken maken over het in bed blijven liggen of je kunt met een slaaptrainer werken. Dat is een lampje met kleuren en het is dan duidelijk voor het kind, wanneer het dag en nacht is. Je ziet wel vaker dat, als een slaapprobleem geen medische oorzaak heeft, het wel gedragsmatig is en kinderen op die leeftijd ook de show runnen zo vlak voor het slapen gaan. Ze bepalen dan wie er naar ze toe moet komen en waar diegene moet zitten. Voor de ouder is het dan zaak dat je die controle terugpakt en met slaapregels gaat werken. Een kind van drie dat overdag niet meer slaapt, heeft een veel eerdere natuurlijke bedtijd dan een kind van drie dat overdag (nog) wel slaapt. Ze hebben op die leeftijd 1,5 uur slaap overdag en 10,5 uur 's nachts nodig óf, als ze geen middagslaapje meer doen, 12 uur 's

nachts. Als een kind van die leeftijd overdag nog slaapt (1,5 uur bijvoorbeeld), kan het best zo zijn dat hij van 20.15 uur tot de volgende ochtend slaapt. Een kind dat geen middagslaapje meer doet, kan soms wel heel vroeg naar bed moeten, bijvoorbeeld om 18.30 uur, om die 12 uur te pakken. Veel ouders houden de bedtijd zoals die was, maar dat kan ertoe leiden dat het verzet groter wordt en het vervolgens één groot drama wordt. Denk hierbij aan kindjes die tot 22.00 uur op zijn, rondrennen, schreeuwen, alsnog 's ochtends vroeg wakker worden of er 's nachts uitkomen. Op deze leeftijd kunnen kinderen ook leren hoe ze zelf in slaap moeten vallen, in bed blijven liggen en 's nachts zelfstandig verder slapen. Je kan er ook naartoe gaan werken dat ze geen vijf keer roepen voor een slokje water, of dekbedhulp nodig hebben. →

Hoe kan je dat dan doen?

Tijdens de avondroutine bied je nog een beker water aan en leg je uit dat we in de slaapkamer niet meer drinken. Overdag eten we, drinken we, kletsen we, gaan we naar buiten en naar school en de avond en nacht zijn om te slapen. Ook als je je kindje op deze leeftijd bij de avondroutine zelf in zijn of haar bed laat klimmen en het dekbed over zichzelf heen laat leggen, zullen ze 's nachts minder geneigd zijn om daarvoor om hulp te roepen. Als ze 's nachts wel roepen, omdat ze het koud hebben, kan je vanaf een afstand zeggen dat ze zelf de deken over zich heen kunnen leggen. Je kan dus slaapmanieren of slaapregels opstellen en sowieso werken met een slaaptrainer.

En als je kindje maar blijft roepen, ga je er dan wel naartoe?

Ik gebruik ook bij de oudere kinderen de methode van stapsgewijs afbouwen, op een gegeven moment uit het zicht zijn en uiteindelijk vanuit je bed verbaal coachen. Bij kinderen op deze leeftijd zie je vaak dat ze moeten accepteren dat ouders een framework bieden en zeggen: 'Oké, dit is het speelveld en hierbinnen gelden deze regels.' En dat kan wel drie weken duren, hè! Met oudere kinderen duurt het vaak wel echt een stuk langer dan met die van zes maanden tot 2,5 jaar. Het kan lang duren voordat het kind er echt niet meer uit komt gewandeld of niet meer roept 's nachts en het doet dan dus ook een enorm beroep op het geduld van ouders en hun consistentie. Op het moment dat je op nacht acht of negen niet het idee hebt dat het werkt en je terugvalt in het oude patroon, sta je weer met 1-0 achter. Het kan echt lang duren, maar houd daarin vol en leg je kind uit wat je van hem of haar verwacht. Het kan dus echt intensieve coaching vergen, wil je dat voor elkaar krijgen, maar het is mooi dat je bij deze kinderen vaak een enorme opbouw ziet in het vertrouwen dat papa en mama er wel gewoon zijn. Kinderen vinden het soms heel erg vertrouwd om continu maar te controleren en checken waar papa en mama zijn. Dat pakken we ook stapsgewijs in de coaching aan, zodat kinderen zich uiteindelijk ook veel makkelijker aan hun slaap kunnen overgeven, omdat ze weten: ze zijn er en ze doen wat ze beloven.

Vraag 3: Ik heb soms het idee dat mijn dochter van elf maanden mij in de maling neemt. Ze schreeuwt moord en brand, maar als ik haar oppak, ligt ze al bijna in mijn armen te slapen. Het ochtend- en middagslaapje verlopen zonder problemen. Om 19.00 uur slaapt ze niet, maar dat is dan maar zo. Om 01.00 uur vind ik dat echt niet leuk en oké meer. Ik wil dit veranderen, wat kan ik doen?

Het kan zijn dat de kleine om 19.00 uur al iets te lang wakker is en daardoor sneller gaat huilen en overstuur is. Op deze leeftijd zou ik zeggen, laat je kindje slapen rond 09.00 à 09.30 uur en ergens tussen 13.30 en 14.30 uur. Een kindje van deze leeftijd heeft nog drie uur slaap nodig overdag. Die wakkertijd tot bedtijd is hoogstwaarschijnlijk een uur of drie, dus je hebt het liefst dat dit meisje slaapt tot 16.00 uur en dan weer om

19.00 uur in slaap valt. Kijk eens naar de timing van de slaapjes overdag. Los daarvan zou het heel goed kunnen zijn dat dit een extreem temperamentvol kind is. Gezien ze stil is als je haar oppakt en dan vrijwel meteen slaapt, zou ik adviseren dat je haar niet meteen oppakt, maar ga naast je kindje zitten en stel haar met je stem en hand gerust. Je gaat dus heel liefdevol naast het bedje coachen en voorkomen dat ze in je armen in slaap valt. Het wakker worden is een heel normaal fenomeen, maar een kind verwacht hetzelfde als bij bedtijd. Als een kind bij bedtijd in jouw armen in slaapt valt, kan je ook niet verwachten dat ze het om 01.00 uur wel even zelf doet. Gezien ze de slaapvaardigheid wel beschikt (dat laat ze overdag zien), is het in de avond een kwestie van het doorbreken van dit patroon. Ik verwacht dat je met twee à drie nachten, mits je consequent bent, het verschil gaat merken.

Vraag 4: Mijn kind wordt meerdere keren per nacht wakker voor de speen. Wat kan ik doen?

De meeste kindjes vanaf zeven maanden kunnen we leren dat zij de speen zelf gaan zoeken in bed, ze kunnen de speen dan pakken en in hun eigen mondje stoppen. Je kan dus van een negatieve slaapassociatie een positieve maken als je kind het zelf kan bedienen. Waar een groot deel van dat succes in zit, is om je kindje tijdens de bedroutine, zoals bijvoorbeeld op de commode, tijdens het lezen van een boekje of als het kindje in bed wordt gelegd, zelf de speen te laten pakken. Bij een jonge baby zal je het dertig keer moeten herhalen, maar dan snapt hij ook wat je bedoelt. Als je je kind altijd bij bedtijd zelf de speen geeft, dan kan je ook niet verwachten dat hij de speen middenin de nacht wel zelf in zijn mond stopt. Hij zal dan huilen, totdat de spenenservice zich weer aanbiedt. In het begin zal je ook 's nachts verbaal moeten coachen en je kind moeten helpen, zodat hij zelf zijn speen pakt. Hier heb je wel doorzettingsvermogen voor nodig, want als jij 'm erin stopt, lig je binnen dertig seconden weer in je bed. Een andere optie kan zijn: stoppen met de speen. Tussen de vijf en twaalf maanden heeft je kindje de leeftijd waarop je de gewoonte van de speen het makkelijkst kan weglaten. In de eerste vier à vijf maanden leeft een baby veel op reflexen, zoals het schrik-, slik- en zuigreflex. Na vijf maanden zijn die reflexen uit het lichaam. Dat wil niet zeggen dat een kind het dan niet meer fijn vindt om ergens op te zuigen, maar het reflex is eruit. Vanaf een maand of twaalf ontstaat er een grote hechting aan spenen en flessen, daarom is tussen de vijf en twaalf maanden de leeftijd waarop je de speen het makkelijkst kunt weglaten. Begin altijd eerst in de avond en nacht en daarna pas overdag, want overdag slapen is voor een kind veel moeilijker. Mijn ervaring leert dat het bij jonge baby'tjes vaak twee avonden en nachten moeilijk kan zijn en dat het gebruik van de speen daarna uit het systeem is.

Onthoud, welk slaapprobleem er ook is; er is altijd slaap aan het einde van de tunnel! ∎

Het boek van Susanne kwam voor mij helaas nét te laat, want Pip viel inmiddels zelfstandig in slaap, toen haar boek uitkwam. Door het nodige speurwerk online had ik tips verzameld en een manier gevonden die hielp bij het zelfstandig in slaap krijgen. In augustus 2016 schreef ik hier een blog over en nog wekelijks krijg ik berichten van moeders die het artikel hebben gevonden en er enorm mee geholpen zijn. Ik heb 'm er zelf ook weer bij gepakt, toen ik met Rosie aan de slag ging en ook bij haar was dit een succes. Het is slechts mijn ervaring, maar ik deel deze graag met je!

Ik begon eerder met trainen dan met zes maanden. Bij Pip kwam dit voort uit onwetendheid en Rosie sliep toen zij vier maanden was niet meer rustig in de draagzak en zij had echt een rustig plekje nodig waar zij kon slapen. Het is dus helemaal aan jou en met name aan je kind, wanneer jullie hiermee gaan starten, maar of dit nou met vijf, zes of acht maanden is, de aanpak blijft hetzelfde. En nogmaals, dit is de manier die ik mezelf eigen maakte, voordat het boek van Susanne was verschenen. Ik deel deze manier nu met jou, maar *tweak* 'm vooral met de kennis die je nu van haar hebt gekregen.

- Pip kreeg om 07.00 uur de fles. Na de fles speelde ik wat met haar, las een verhaaltje en kletste wat.
- Na ongeveer een uur traden de eerste tekenen van vermoeidheid op. Denk hierbij aan: gapen, dikke ogen, handje tegen de zijkant van haar hoofdje of rode wenkbrauwen.
- Bij het eerste tekenen van vermoeidheid ging de *Puckababy* aan en legde ik haar in bedje.
- Ik bleef bij haar, omdat ze overstuur raakte en ik hield met mijn handen haar schoudertjes vast, zo voelde ze mijn aanwezigheid. Ondertussen probeerde ik haar rustig te krijgen door 'ssssht', 'ssssht', 'ssssht' te blijven herhalen. Tipje van mij: je kunt nu ook een app aanzetten met *white noise*. *White noise* is het geluid van bijvoorbeeld een stofzuiger, een ventilator of een föhn. Ik gebruikte hiervoor de app Sleeptot, omdat hier ook letterlijk het 'ssssht'-geluid op zit en die app nam het van mij over, wanneer ik ermee stopte. Er zijn ontzettend veel apps en veel daarvan zijn ook gratis. Het maakt niet zoveel uit welke je gebruikt.
- Ik ga weg en laat de app met de *white noise* aanstaan. Let op! Zet je telefoon wel op vliegtuigmodus, omdat je je geluid aan moet hebben voor de app en je niet wilt dat je kindje wakker wordt van appjes of belletjes.
- Vanaf zes maanden kunnen kindjes maximaal 45 minuten slapen, daarvoor worden ze vaak al eerder wakker. Ik probeerde haar opnieuw in slaap te krijgen en ik kalmeerde haar weer met mijn stem en handen. Wanneer dit niet lukte, nam ik haar in de draagzak en zette ze in de draagzak de slaap voort.

GOOD TO KNOW!

- Plan een volle week in waarin je gaat oefenen en houd je agenda leeg. De eerste twee dagen vraag je jezelf misschien af waar je aan begonnen bent, maar al snel ga je merken dat de tijd die je baby nodig heeft om in slaap te vallen steeds korter wordt! HOERA!
- Merk je dat het huilen erger wordt? Haal je baby dan even uit zijn bedje en kalmeer je baby op de arm. Is hij weer rustig? Dan kan je kindje meteen weer terug in het bedje slapen.
- We weten inmiddels dat het langdurig alleen in een bedje laten huilen niet wenselijk is i.v.m. de verhoging van het cortisolgehalte dat dan plaatsvindt. Geef je baby wel even de kans om in slaap te vallen. Laat ze even prikkels verwerken en zichzelf in slaap krijgen. Ik liet de meiden soms ook even huilen. Na tien minuutjes liet ik haar weer weten dat ik er was en bracht ik haar met het 'sshhht'-geluid en mijn hand weer tot rust. Na een paar dagen viel ze zonder huilen in slaap.

- Tip! Time hoelang je je kindje hoort. Drie minuten huilen kan voelen als drie kwartier. Houd daarom de tijd goed in de gaten, dan zal je merken dat je baby steeds minder tijd nodig heeft, voor hij in slaap valt.

- Vind je het heftig om de hele dag in de weer te zijn met het trainen van de slaapjes? Begin dan met het slaapje van 19.00/19.30 uur. Juist dit slaapje leent zich hier goed voor, omdat ze dan meestal al moe zijn van de dag. Wanneer dat goed gaat, pak je er na een paar dagen een slaapje bij en zo bouw je uit tot hij alle slaapjes rustig in het wiegje volbrengt.

- En *last but not least!* Laat je mantra zijn: ieder slaapje is er één en geen is ook goed. Dit heeft mij bij Rosie zo enorm geholpen. Zo bleef ik er rustig onder en was ik niet teleurgesteld als een halfuur ssssh-en naast het bed een verloren zaak leek. Iedere vaardigheid leer je met vallen en opstaan, dus de slaapvaardigheid ook. Soms gaat het goed en soms niet. Ieder slaapje is er één en geen is ook goed. *Mom, you got this!* ∎

14 oktober 2018

Mommy is home. Wat hebben we genoten en... haar gemist tegelijk. Het allerfijnste van weg zijn, is thuiskomen met een geheel frisse blik en nieuwe energie. Vanaf een afstandje ziet alles er anders uit, koester je extra wat je hebt en realiseer je je weer hoe relatief kort alle fases zijn. De minder leuke en de leukste fases; in een ogenblik gaan ze voorbij. Toen ze één was, vroegen we ons af of we haar, als ze 's nachts wakker werd, wel of geen fles moesten geven. Inmiddels zijn we die fase lang en breed ontgroeid en bijna vergeten dat het ooit een issue is geweest. Nu zitten we in een fase waarin ze tussen ons in wil slapen. Thuis worstelden we nog met met de gedachte; hoelang gaan we hier nog aan toegeven? En nu... Nu we een week zijn weggeweest, vragen we ons af waar we in hemelsnaam moeilijk over deden en waarom? Over een paar weken/maanden is deze fase vast net zo snel verdwenen als dat 'ie is gekomen. En over een paar jaar, wanneer zij met haar vriendinnen op haar kamer wil slapen, verlangen wij terug naar het moment dat ze ons bed niet uit te slaan was. En over nog iets meer jaar worden we niet wakker van haar voet in ons gezicht, maar van de tijd die ons vertelt dat ze nog steeds niet terug is uit de stad. En niet veel later ligt zij wakker van een gebroken hart, niet wetende wanneer en door wie dit hart geheeld zal worden. En we weten ook dat er een moment zal komen dat ze haar eigen weg gaat vinden naar een ander bed in een huis waarvan zij haar eigen thuis maakt. Vlieg maar uit als het jouw tijd daarvoor is. En kruip tot die tijd maar lekker tussen ons in. De mate waarin je ons nodig gaat hebben, wordt met de jaren minder, dus we genieten van je, zolang het kan. Van jou en je armpje dat jij iedere nacht weer om ons heen slaat.

Status update: We zijn nu 2 jaar verder. En sinds kort slaapt Pip, dankzij de tips van Susanne en de slaaptrainer (lampje), zelfstandig in én de hele nacht in haar eigen bed. The time has come. Het meisje is uitgevlogen. Ze is trots en wij op haar <3.

Baby sensory

Heel eerlijk? Ik ben niet bepaald een babymoeder. Ik vind het pas echt leuk worden, wanneer kinderen tussen de één en anderhalf jaar oud zijn; wanneer ze gaan lopen en praten. Die ontwikkeling vind ik écht geweldig en ik geniet daar enorm van. Op die leeftijd vind ik kinderen nog zo schattig als een baby, maar ze beginnen zich steeds meer te ontwikkelen als een peuter.

Bij beide kinderen was ik daarom juist in het eerste jaar heel erg op zoek naar manieren om te spelen en te *connecten* met mijn kind. Google bracht mij bij *baby sensory*. In Engeland is *baby sensory* sinds 2006 een groot succes en inmiddels worden er ook in Nederland steeds meer lessen over *baby sensory* aangeboden. In 2012 opende orthopedagoog Natalie van Gelder een vestiging in Amsterdam. Tijdens een les *baby sensory* wordt de zintuiglijke, motorische en cognitieve ontwikkeling van de baby gestimuleerd. En minstens zo belangrijk; het is een uur *qualitytime* met je baby: samen spelen, plezier maken en ontdekken staan in deze lessen centraal. Daarnaast krijgen ouders ook informatie over de ontwikkelingsstadia die baby's doormaken en er wordt uitgelegd hoe zij deze ontwikkeling spelenderwijs kunnen bevorderen.

Het volgen van een les *baby sensory* is een superleuke, wekelijkse activiteit voor jou en je baby samen. Zie het als babyzwemmen, maar dan anders. En als er geen vestiging bij jou in de buurt is waar *baby sensory* wordt aangeboden? Dan haal je *baby sensory* gewoon in huis, want met de kleinste middelen kan je baby al het grootste plezier beleven. Rosie en ik kregen van Natalie de nodige inspiratie op het gebied van *baby sensory*. Natalie kwam met de allerbeste tips die je vandaag nog thuis kunt toepassen! Baby's hebben namelijk echt

geen manden vol speelgoed nodig en je hoeft ook geen fortuin uit te geven aan speelgoed voor baby's. Juist met de simpelste items creëer je eindeloos speelplezier.

① Muziek

Muziek is voedsel voor het brein. Er is niets anders wat zoveel doet op het gebied van verbindingen leggen tussen de hersencellen. Door naar muziek te luisteren ontstaan letterlijk verbindingen tussen de hersencellen en hoe meer verbindingen, hoe meer informatie er getransporteerd wordt. Als je luistert naar muziek, groeit je hersenomvang. Daarnaast is zelf muziek maken ook ontzettend belangrijk. Het maken van muziek ontwikkelt je gehoor, het is goed voor de oog-handcoördinatie en het werkt als een uitlaatklep.

② Bellen blazen

Samen naar de bellen kijken is een vermakelijke activiteit! Door de glinstering hebben de bellen iets magisch en het grijpen naar de bellen is weer goed voor de ontwikkeling van de oog-handcoördinatie van je baby.

③ Handschoenpopje

Met een handschoenpopje of vingerpopje kan je de oogspieren van je baby trainen. Vanaf ongeveer zes weken moeten de ogen zich samen kunnen focussen op één ding en met het handschoen-/vingerpopje kan je samen spelen én tegelijkertijd de oogspieren van je baby trainen.

④ Fles

Flesjes die gevuld zijn met allerlei verschillende materialen zijn heel onderhoudend speelgoed voor baby's. Je kan een plastic flesje bijvoorbeeld vullen met water, babyolie en sterretjes. Een simpel flesje wordt zo voor baby's meteen uitdagend; baby's willen ernaar kijken en ermee spelen. Zorg er uiteraard voor dat de fles stevig is dichtgeplakt met tape. Je kan flesjes ook tot rammelaar omtoveren door ze te vullen met bijvoorbeeld rijst, couscous of pasta. Ieder flesje maakt dan een ander geluid als baby's ermee schudden of ze over de grond laten rollen.

⑤ Panty

Stop in een panty stenen, pasta of rijst en knoop de panty stevig dicht. Ieder pakketje voelt weer anders aan, waardoor de zintuigen worden geprikkeld. Baby's vinden het heerlijk om hieraan te voelen.

⑥ Doosje

Baby's kunnen eindeloos tissues uit een tissuedoos halen en ook het pakket billendoekjes leegtrekken is een hit. Een duurzamere variant op dit spel creëer je door een sleuf te maken in de deksel van een kartonnen doosje en in het doosje een doek te stoppen. Je kan ook meerdere doeken aan elkaar knopen, zodat er iedere keer een andere kleur verschijnt. De fijne motoriek wordt getraind en het blijft héél lang leuk om het doekje eruit te trekken. Ook vinden baby's het heel interessant de deksel erop te zetten en er weer vanaf te halen.

⑦ Koord met flessendopjes of dekseltjes

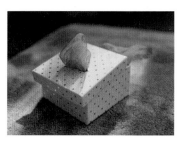

Wat ook heel stimulerend werkt, is het volgende. Rijg doppen van flessen of kleine dekseltjes van glazen potten aan elkaar. Maak aan de uiteindes een stevige knoop en je baby vindt dit machtig interessant speelgoed.

Bekijk deze video met tien nuttige en makkelijk toepasbare tips over hoe je je baby/ dreumes kan voorzien in zijn behoeften. Ik leg onder andere het verschil uit tussen passief en actief speelgoed, ik noem manieren waarop jij het zelfstandig spelen kunt stimuleren en ik vertel je waarom het voor een kind belangrijk is dat je al je handelingen benoemt.

Het boek *Montessori voor thuis* geeft inzicht in de belevingswereld van je peuter en licht toe hoe jij daar door middel van spel een stimulerende bijdrage in kan leveren. Hoe boek wordt ook wel omschreven als dé gids voor ouders van kinderen van één tot vier jaar die op zoek zijn naar een mindful opvoedstijl.

MONTESSORI
VOOR THUIS

HOE JE PEUTERS ONTSPANNEN OPVOEDT TOT
NIEUWSGIERIGE EN ZELFSTANDIGE KINDEREN

SIMONE DAVIES

ILLUSTRATIES
HIYOKO IMAI

UITGEVERIJ BRANDT | AMSTERDAM 2019

De peuterboekjes van Jörg Mühle zijn hier zo'n enorme hit. De boekjes zijn interactief, op iedere pagina staat namelijk een kleine opdracht. Zo mag je kindje de ene keer een konijntje 'droogblazen' en een volgende keer crème op zijn gezichtje 'smeren'.

En over boeken gesproken... Boekwijzer is een enorm leuke tip! Als je lid wordt van Boekwijzer, krijg je kinderboeken thuisgestuurd die aansluiten bij de belevingswereld van jouw kind op dat moment.

Lovevery is een speelgoedmerk dat volledig gebaseerd is op wetenschappelijk onderzoek dat zich richt op de verschillende ontwikkelingsstadia van jonge kinderen. Hun speelgoed, speciaal voor baby's en peuters tussen de nul en vier jaar, bevat prikkels en uitdagingen die aansluiten bij de fase waarin zij zich bevinden. Dankzij de toegevoegde uitleg leren wij hoe we het beste kunnen communiceren met onze kinderen. Voor kinderen van 18 maanden tot vier jaar is bijvoorbeeld de Block Set heel leuk! Deze set bevat twintig verschillende activiteiten, zoals: blokken, een vormenstoof en rijgmateriaal. Waar ik zelf ook enthousiast van word, is de abonnementsvorm die vanaf april 2021 beschikbaar is. Als abonnee krijg je dan in het eerste levensjaar van je kind elke twee of drie maanden een doos met speelgoed opgestuurd, het speelgoed is precies toegespitst op de specifieke ontwikkelingskansen van je kind op dat moment.

Een voorbereide ruimte creëren is één van de tips die ik kreeg op het kinderdagverblijf van Pip. Hier hebben we nu, jaren later, nog steeds plezier van. Dit houdt in dat je het speelgoed gerangschikt door de ruimte legt. Leg bijvoorbeeld alle auto's, bouwmaterialen, de poppen en alle muziekinstrumenten bij elkaar. Ze hebben zo meer overzicht dan wanneer het speelgoed in manden of bakken is opgeborgen en ze komen zo eerder zelfstandig tot spel.

Op Instagram volg ik accounts die mij inspireren bij het aanbieden van speelgoed, zodat het speelgoed voor kinderen uitdagend wordt. Ze geven ook leuke ideeën voor activiteiten.

@steph.soj
@busytoddler
@play_at_home_mummy
@spel.ideeen.van.mama.anouk
@uitsloofmoeder
@eat.play.love.sleep
@happytoddlerplaytime
@littleoneslearn

Baby- en kindergebaren

Dit is zo'n onderwerp waarvan ik maar niet begrijp waarom er in het kraampakket geen foldertje over te vinden is en er bij mijn consultatiebureau met geen woord over wordt gerept. Wat je ermee doet, is natuurlijk aan jou, maar ik geef de tip bij dezen wél, want een goede communicatie scheelt zoveel frustratie!

Baby's begrijpen de taal die wij spreken eerder dan dat ze zelf kunnen praten. Ze snappen dus veel, maar ze hebben nog niet het vermogen ontwikkeld waardoor zij zich met gesproken taal kunnen uiten. Doordat de motoriek van de handjes van je kind eerder is ontwikkeld dan het spraakvermogen helpen baby- en kindergebaren het kind om met jou te communiceren. Je gebruikt de gebaren naast de gesproken taal, waardoor deze gebaren de gesproken taal ondersteunen en dus zeker niet vervangen.

> **'Gebaren zijn voor kinderen, naast huilen, ook een natuurlijke manier waarmee ze iets duidelijk kunnen maken'**

Gebaren zijn voor kinderen, naast huilen, ook een natuurlijke manier waarmee ze iets duidelijk kunnen maken. Wanneer je kindje ongeveer 8 à 9 maanden oud is, zal je merken dat je kind objecten begint aan te wijzen. Dit kan een mooi startpunt zijn om te beginnen met gebaren. Het toepassen van baby- en kindergebaren overbrugt de periode waarin kinderen cognitief gezien al wel in staat zijn om jou dingen duidelijk te maken, maar nog niet kunnen praten.

Niet alleen voor baby's is het gebruik van gebaren een effectieve manier van communiceren, ook bij peuters en kleuters die al kunnen praten, dragen de baby- en kindergebaren bij aan de taalontwikkeling. In het boek *Babygebaren, kindergebaren, iedereen kan gebaren!* leggen de auteurs uit: 'Voor peuters en kleuters die al wel kunnen praten verduidelijken gebaren de woorden die nog niet correct worden uitgesproken en verhelderen ze nieuwe en abstracte begrippen die het kind aanleert. Gebaren maken een plaatje van de woorden, waardoor het kind sneller snapt wat de betekenis is en ze de woorden bovendien makkelijker kan onthouden. Dit stimuleert de taalontwikkeling in het algemeen.' [1]

Toen Pip een baby was, wist ik nog niet eens van het bestaan af, maar met Rosie oefen ik er inmiddels flink op los. Mijn grote motivatie voor het toepassen van baby- en kindergebaren was meer inzicht krijgen in de belevingswereld van Rosie, haar beter begrijpen en onze band versterken. Gedurende de dag vindt er namelijk, dankzij de gebaren, bewuster één-op-ééncontact plaats. Het zijn korte, maar wel intieme en bewuste momentjes waarbij je écht kijkt naar je kind en je kind echt kijkt naar jou. Het oefenen van deze vaardigheid is een mooi cadeau voor ons samen.

Download Gebaren App

Niet alleen het contact met Rosie is intenser geworden, Pip en ik zijn meer dan ooit een team sinds we zijn gestart met gebaren (en dat zegt iets over een écht papa's kindje). Ik vind het de absolute kers op de taart dat het ook onze band heeft versterkt en onze interactie heeft verhoogd. Pip pikt de gebaren direct op, waardoor het echt ons dingetje is geworden, we beheersen samen een vaardigheid die we Rosie leren. Mocht je interesse hebben in baby- en kindergebaren, dan kan ik je het zojuist genoemde boek *Babygebaren, kindergebaren, iedereen kan gebaren!* aanraden. Het leest makkelijk weg en naast een geïllustreerd woordenboek met honderdnegentig gebaren staat het vol tips voor succes en informatie over het belang van gebaren.

De volgende drie inzichten uit het boek benadrukken nog eens de extra voordelen van baby- en kindergebaren naast het versterken van jullie band:

'Als een kind vanaf jonge leeftijd baby- en kindergebaren leert, kan ze maanden eerder haar actieve woordenschat gaan opbouwen. Dit verschil kan zelfs zo groot zijn dat een gebarend kind van twaalf maanden al vijfentwintig gebaren en zestien woorden herkent en kan gebruiken. Met achttien maanden zijn dit tegen de tachtig gebaren en ruim honderd woorden! Het verschil is dus enorm groot. Met een zoveel grotere woordenschat kan je kind zich veel beter uiten.'[2]

'Uit verschillende onderzoeken die naar baby- en kindergebaren zijn gedaan, blijkt ook duidelijk dat het zelfbeeld en de positieve instelling van kinderen sterk toenemen. Het zelfvertrouwen en de eigenwaarde van je kind groeien. Ze voelt zich serieus genomen, ze wordt begrepen en ervaart respect voor haar autonomie.'[3]

'Een studie aan de Pennsylvania State University met horende kinderen toont aan dat zelfs kinderen die pas in hun peutertijd gebaren aanleerden een voorsprong hebben op niet-gebarende kinderen bij alfabetisering, met name op het gebied van taal, spelling en leesvaardigheid.'[4]

Aan de slag? Je kan op verschillende manieren baby- en kindergebaren leren. Zo worden er online diverse cursussen aangeboden en via YouTube kan je video's kijken waarin de gebaren worden uitgelegd. Ik heb mezelf de gebaren eigen gemaakt middels bovengenoemd boek en via de Kwebl Gebaren app. Het is simpel te leren, het is leuk om mee bezig te zijn en bijzonder om te zien hoe je een stem in de handen van je kind kan leggen. Afhankelijk van de leeftijd waarop je begint, kan het even duren voordat je een gebaar terugziet, dus heb geduld en… *enjoy the ride!*

Speelgoedtips voor kinderen

(1-4+ jaar)

Er is zo ongelooflijk veel speelgoed verkrijgbaar dat je door de bomen bijna het bos niet meer ziet. Veel speelgoed is erg leeftijdsgebonden of na een week al niet meer leuk. Onderstaande tips zijn bij ons al vier jaar lang, dag in dag uit, een hit en het blijft mooi (ook prettig). Ook zijn deze tips enorm leuk om cadeau te geven, eventueel met vrienden of familieleden, want er zit wel een prijskaartje aan. Uit ervaring en na jarenlang (!) speelplezier kan ik zeggen: alle genoemde items zijn iedere cent waard.

1 Wobbelboard vanaf € 79,-

Op haar eerste verjaardag kreeg Pip een wobbelboard en nu, vier jaar later, is het bord nog steeds een dagelijkse hit! Wat mij betreft, is dit hét cadeau voor 1-jarigen, omdat je dan alle jaren van speelplezier benut. De ene dag is een wobbelboard een racebaan, de andere dag een tafeltje, de volgende keer dient hetzelfde bord als podium, daarna gaat het weer door voor een krukje, een schommel of een glijbaan.

2 Knuffelmakers vanaf € 49,-

Een ontzettend dierbaar cadeau. Knuffelmakers 'verknuffelen' je dierbaren. Pip kreeg Willem en mij cadeau als knuffel van deze kanjers, zodat ze altijd met ons kon knuffelen, ook als we even niet in de buurt waren.

3 Grapat houten speelbak € 45,95

Pip kreeg op haar tweede verjaardag de houten speelbak van Grapat, inclusief kinetisch zand en sindsdien is dit ook nog steeds dagelijks een hit! Tip: Bij HEMA of Action kan je (afhankelijk van het seizoen) vaak kleine zandbakspeeltjes kopen, die zijn heel leuk te gebruiken in deze bak.

4 ToysRestyled vanaf € 99,95
(bij het zelf aanleveren van een keukentje)

Een gepersonaliseerd keukentje dat daardoor ook prachtig blendt in je interieur is gewoon win-win! ToysRestyled maakt een speelkeukentje van IKEA helemaal naar wens.

Scan dit icoontje om de post op Instagram te bekijken, in de comments vind je een kleine 500 tips voor verjaardagscadeaus voor twee- en driejarigen.

Ook zo leuk
Het keukentje van
Petit Amélie

5 Keukentje Petit Amélie
(verkrijgbaar in roze en blauw)
€ 99,-

6 Sjoelbak van ZNOET € 59,95

Znoet is sowieso een naam die je niet mag vergeten. Het merk is opgericht door het Nederlandse stel Johan en Marijn, zij ontwerpen zelf de leukste spellen! Hun sjoelbak is zó leuk! Je klapt deze heel makkelijk in én (op tafel) net zo makkelijk weer uit.

7 Houten klimrek Mopirti met glijbaan € 299,-
(prijzen kunnen per aanbieder iets anders zijn)

Het is een klimrek, een wasrek, een tunnel, een brug, een hut, een winkel en soms ook een huis. Oh, je kan er ook nog vanaf glijden! De vorm van de klimdriehoek kan je veranderen en je bergt deze ook nog eens makkelijk op. Het is een investering, maar het verveelt nooit, dus het is écht een tip voor jarenlang speelplezier!

8 Step van Micro
Prijs vanaf € 79,95

De step van Micro. Sorry voor deze open deur, want wie kent ze niet? Ze zijn gewoon te leuk en mogen niet in dit lijstje ontbreken. De Microstep is een 3-wielstep en daardoor kunnen zelfs de allerkleinsten er al snel op steppen. Wij hebben de Mini Microstep en deze is geschikt voor kinderen tussen de één en zes jaar.

Scan dit icoontje om de post op Instagram te bekijken waar in de comments meer dan 150 tips worden gegeven voor gezelschapspellen voor twee- en driejarigen.

Kinder-
kledingtips

Spiegeltje, spiegeltje aan de wand....

...wie is de schattigste van het land?

Het was mijn Googlehit nummer toen één, toen ik zwanger was: 'leuke kinderkleding'. Mijn nachtelijke gegoogel en urenlange gestruin door Instagram hebben er wel voor gezorgd dat ik inmiddels een aardig lijstje met favoriete adresjes heb. Ik praat, uiteraard, vanuit de ervaring die ik met het aanschaffen van kleertjes voor mijn dochters heb, maar ook de jongenscollecties van de volgende merken zijn stuk voor stuk om door een ringetje te halen.

Maed for mini

Fan van het eerste uur ben ik! De kleding van Maed for mini is uitgesproken en heel erg cool. Die laatste woorden zijn van Pip, maar ik sluit mij daar helemaal bij aan.

Donsje

Zo'n lief en romantisch merkje, met name de schoenen van Donsje waren Pip haar grote favoriet.

NIXNUT

Nixnut is een Nederlands merk en is opgericht door twee zussen. Ze maken tijdloze items van de mooiste stoffen in neutrale kleuren. Pip en Rosie dragen nog steeds de kledingstukken die ze een jaar geleden ook droegen. De kleding lijkt mee te groeien (mogen we het geheim?) en blijft zó mooi van kwaliteit, deze items zijn mijn geld écht waard.

Navy Natural

Ook dit merk is weer hartstikke van eigen bodem. Wist je trouwens dat alleen MarMar COPENHAGEN, Susukoshi en Lil' Atelier buitenlandse merken zijn? Cool toch, dat we de (kleine) creatievelingen van eigen bodem supporten met een aankoop? Navy Natural; vrolijke items, flared broeken met een heel mooie pasvorm en *fit,* maar ook basics die je stuk voor stuk weer in je eigen kast terug zou willen zien.

Susukoshi

Oké, let op. Kijk naar deze naam en onthoud 'm goed. Susukoshi is zo ongeveer het enige aan kleding dat je nodig hebt voor je *newborn*. Met een paar overslagrompers van Susukoshi en een paar broekjes van een ander ben je helemaal *'set'*. Geloof me. Waarom? Allereerst zijn de rompers súperzacht. Ten tweede kan je een stukje stof van de mouw omslaan, zodat je mini met zijn/haar handjes het gezichtje niet kan openkrabben (handig!). Ten derde zijn het overslagrompers; deze rompers zijn veel prettiger om bij je *newborn* aan te trekken dan kleding die je over het hoofdje moet aandoen. Ten vierde; de stof is zo stretchy dat je er héél lang plezier van hebt. En tot slot: de kwaliteit is zo mooi dat dit niet Rosie haar onderkleding was, maar haar gewone kleding. Natuurlijk kun je deze rompers ook puur als rompers inzetten. Het is in feite één item met een dubbele functie, dus je hebt minder kleding nodig. Volg je me nog? De garderobe van Rosie bestond dus uit: een paar rompers van Susukoshi, drie vestjes, een paar broekjes en enkele gewone rompers. Bij koud weer droeg ze een gewone romper onder de romper van Susukoshi (dat lijkt misschien heel propperig, nu je het zo hoort, maar dat is het helemaal niet) óf ze droeg een romper van Susukoshi onder een vestje. En bij mooi weer droeg Rosie alleen de romper van Susukoshi. *Thank me later.*

Stock Collectables

In het voorjaar en in de zomer hebben
we veel plezier gehad van items van Stock
Collectables. Minimalistische en luchtige
kleding van een heel fijne stof!

Nieuwe lijn met baby- en home accessoires

The Wild Babies

Blind zou ik alles hiervan in de winkelmand durven gooien, letterlijk. Eigenaresse Ellis stelt met heel veel liefde en smaak de webshop samen en alle items *copy-paste* ik het liefst direct naar de kast van Rosie. Kijk maar eens naar hun collectie en je begrijpt meteen waarom.

Salt & Sugar

Dit is een merk dat je in de gaten mag houden. Ze verkopen handgemaakte baby- en kinderkleding en het merk is opgericht door moeder en dochter. Op het moment van schrijven is hun Instagram net in de lucht en de website *under construction*, maar ik sta alvast vooraan in de rij en ik kan niet wachten op hun eerste collectie!

Moonbeam Collective

Moonbeam Collective is ook een Nederlands merk en het is opgericht door @Lizahenzen. Letterlijk elk item dat zij ontwerpt wil ik in mijn eigen kast hebben. Stikjaloers ben ik dan ook op Pip's Moonbeam Collective-items. Hoor je me, Liza? ;-) Tot de tijd dat er ooit een 'mini-me collectie' komt, droom ik weg bij haar allerleukste kidswear.

FOTOGRAFIE WHITE FLOW

Lil' Atelier

Dit merk heb ik pas geleden ontdekt en ik ben helemaal *in love* met hun collecties. De ontwerpen zijn een tikje klassiek, uitgevoerd in neutrale kleuren en ze hebben een luxueuze uitstraling door het gebruik van materialen als: velours, kasjmier, corduroy, wol en organisch katoen. De items zijn daarnaast ook nog eens betaalbaar.

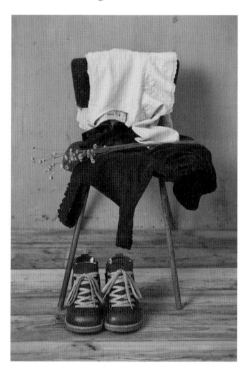

Ammehoela

Van iedere collectie die
Ammehoela uitbrengt, gaat
mijn hart sneller kloppen.
Hun items zijn kleurrijk,
eigenwijs en uniek.

I want it all

FOTOGRAFIE SAENE-ESMÉE

Piple

Oh, wat ben ik dol op de kleding van Piple. Piple heeft een atelier in Leeuwarden en daar worden hun items gemaakt die supermooi vallen en heel fijn aanvoelen!

Tiny moon

Op zoek naar leuke rokjes, topjes en flared broekjes? Tiny moon heeft ze in verschillende kleuren tegen een heel fijn prijsje.

MarMar COPENHAGEN

MarMar COPENHAGEN is zo'n merk dat aan de ene kant heel mooie basics heeft (de romper van ribstof is er zo één), maar aan de andere kant ook uitgesproken designs in de collectie heeft, zoals mooie items in mijn geliefde luipaardprint. Voor alle kledingstukken geldt ook hier weer dat ze héél lang meegaan. Hun babypakken zijn ook echt superfijn en als je ze in een maatje groter koopt, heb je er maandenlang plezier van.

Bobby en Beer

Hier shop je de leukste outfits van maat 50 tot en met 152 van allerlei verschillende merkjes.

Wildrose Label

Navy Natural

Bootstock

En dan nog even dit...

TIP 1: Kijk eerst eens op Marktplaats. Hier vind je bijvoorbeeld met regelmaat items van MarMar COPENHAGEN voorbijkomen. Het grootste voordeel van de goede kwaliteit is dat het namelijk lang mooi blijft en makkelijk een tweede en zelfs een derde ronde kan meegaan, zonder dat je het eraan afziet.

TIP 2: Shop sommige items samen met vriendinnen. Helemaal de wat prijzigere items die je maar niet uit je hoofd kunt zetten, kun je natuurlijk heel goed samen met een vriendin aanschaffen. Zo loopt het dochtertje van een vriendin van mij precies één tot twee maten achter op Rosie, dus wij delen veel kledingstukken.

TIP 3: Shop in de sale! In mijn enthousiasme kocht ik tijdens de zwangerschap van Rosie veel kleding die even later in de uitverkoop hing. Zelfs tijdens die uitverkoop moest Rosie nog geboren worden. Oeps.

TIP 4: Ken je Stichting Babyspullen? Zij zamelen gebruikte en nieuwe babyspullen in en maken daar babystartpakketten van, speciaal voor (aanstaande) ouders in Nederland die het financieel moeilijk hebben. Ik heb een dag mee mogen helpen met het inpakken van de startpakketten en ik heb toen de schrijnendste verhalen gehoord. Zo hoorde ik het verhaal van een kraamhulp die belde met de vraag of ze alsjeblieft een pakket kon ontvangen, omdat de baby uit het gezin waar zij werkte, niet eens een romper had. Hart-verscheurend. De babyspullen of babykleren die jij niet meer nodig hebt, komen dus ergens verderop in het land op een plek waar ze méér dan welkom en nodig zijn.

Hap, hap, hap
Slok, slok, slok

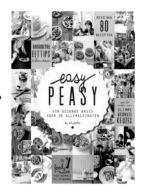

De inhoud van mijn boekenkast bestaat voor twee derde uit kookboeken. Dat is toch bijzonder voor iemand die écht niet van koken houdt? In de periode dat mijn kinderen kennismaakten met vast voedsel, maakte ik een uitzondering: ik ging zelf in de keuken staan. Die kookboeken in mijn boekenkast zijn dan ook stuk voor stuk kookboeken die zich richten op maaltijden voor de kleintjes. Ik maakte er echt een studie van, zo markeerde ik stukken tekst, zodat ik de hoofdzaken van de bijzaken kon onderscheiden. Oh man, wat was ik er druk mee, haha. Mijn bijbel was het boek *Easy Peasy. Een gezonde basis voor de allerkleinsten.* [1] Dit boek was met name een dikke favoriet, omdat er naast recepten voor je kleintje heel veel informatie wordt gegeven. Die informatie is toegespitst op de verschillende ontwikkelingsfasen en het boek staat vol met tips, weetjes en voorbeelden van voedingsschema's. Dit boek is voor mij echt een fijne houvast geweest en nam alle onzekerheid weg. Zo twijfelde ik bijvoorbeeld over welke ingrediënten ze op een bepaalde leeftijd wel en niet mochten krijgen. Ik durf te zeggen dat dit het boek is geweest dat ik in het eerste jaar van Pip het vaakst heb opengeslagen.

Tip: Doe jezelf een draadloze stofzuiger cadeau.

De belangrijkste inzichten die ik kreeg:

① Wissel waar mogelijk de boterham tijdens de lunch in voor een warme lunch. We zijn gewend om brood tijdens de lunch te eten, maar hier zitten over het algemeen minder voedingsstoffen in dan in een warme maaltijd. Met een boterham ben je aan het vullen en met een warme maaltijd (zie voor simpele recepten het boek) ben je aan het voeden. Daarnaast zijn kinderen 's middags vaak minder moe dan 's avonds en hebben ze een lekkere trek. Juist op dat moment kunnen zij makkelijker nieuwe smaken leren kennen. Brood hoeven kinderen niet te leren eten, groente wel. En 's avonds dan? Je kan dan kiezen om een boterham te geven, maar er is ook niks mis met twee warme maaltijden per dag. Sterker nog; het betekent juist extra veel voedingsstoffen!

Maandenlang heb ik dagelijks plezier gehad van de Philips Avent stomer/blender. Het is een 4-in-1 babyvoedingmaker. Het is afhankelijk van welke uitvoering je kiest, je kunt ermee: stomen en blenden óf stomen, blenden, ontdooien en verwarmen. Dit apparaat was echt mijn *lifesaver.*

② Wanneer je tussen het (stevige) ontbijt en de lunch geen tussendoortje geeft, hebben kinderen een flinke trek in de warme lunch. Op deze manier voorkom je dus dat ze gevuld zijn met tussendoortjes en ze dus minder zin hebben in de voedende maaltijd.

③ Rond 16.00 uur daalt van nature de bloedsuikerspiegel. Dit is daarom een goed moment voor de fruithap.

Het klinkt echt als 'heel wat', die warme maaltijd elke middag. Je ziet jezelf zeker al staan? ;-) Een maaltijd bestaat meestal uit twee tot vier ingrediënten die ik, dankzij de stomer/blender, in een handomdraai op tafel had staan. Ook op de opvang van Pip gaven ze 's middags - vanuit hetzelfde gedachtegoed - de kinderen een warme maaltijd.

Tip: **Vries het knijpfruit in, knip vervolgens de bovenkant van de verpakking eraf en je hebt een gezond ijsje!**

Tip: **Knip brood in stukjes! Gaat zoveel makkelijker dan snijden.**

Ik was de eerste maanden heel fanatiek in het koken van de maaltijden en had er ook echt plezier in! Toen ik merkte dat ik mezelf soms in bochten moest wringen om die maaltijd te kunnen maken, greep ik ook steeds vaker naar een potje of naar een maaltijd van SPRUIT.

SPRUIT bezorgt maandelijks een box met veertien of achttien maaltijden. Zij maken alles vers en direct na de bereiding vriest SPRUIT haar maaltijden in. De menu's werden continu afgewisseld en het was echt een genot om onze vriezer vol maaltijden van SPRUIT te leggen en hier altijd op terug te kunnen vallen.

Bekijk hier de video waarin ik met verschillende moeders in gesprek ga over voeding, deze video zit vol met tips om je kind te laten eten!

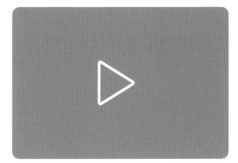

In deze video die twaalf minuten duurt, leg ik het verschil uit tussen de verschillende stromingen binnen vast voedsel en ik deel tips over hoe jij je baby kan laten wennen aan vast voedsel.

Boekentips

Om op te eten!
Easy peasy family
Eten met Nijntje
Vullen of voeden

P.S. Laat je goed informeren, maar laat je niet gek maken, hè? Het helpt mij altijd relativeren als ik besef dat ik ook groot ben geworden met Fristi, patat en 'mac & cheese', met mate uiteraard. Maar het was er wel. *Lucky me!* Eten is nog veel meer dan alleen een middel waarmee je je lichaam voedt. Ik ben blij dat ik ben opgegroeid in een tijd waarin niet alles hysterisch gezond was, want één van mijn fijne jeugdherinneringen is de vrijdagmiddag. Het was de middag waarop mama mij thuis opwachtte met witte bolletjes die we belegden met eiersalade. Ik kon daar de hele week naar uitkijken. Het is een traditie die ik graag voortzet, hopelijk bezorgen de broodjes mijn dochters net zulke fijne herinneringen.

Tip: Munchkin miracle 360 beker. Aan alle kanten kan gedronken worden, zonder dat de beker lekt.

Tip: Mushie siliconenslab, ik zweer erbij!

De recepten waar Willem en ik de allerbeste jeugdherinnering aan hebben (en waar nu zelfs onze kinderen om smeken bij oma) delen we met jullie!

Oma's groentesoepje

Het was altijd 'Mama's groentesoepje', maar sinds Pip en Rosie er zijn, is het 'Oma's groentesoepje', want als ze ergens dol op zijn...! Net als ik vroeger deed (en nog steeds doe) scheppen ook zij meerdere keren op. Nou, dan heb je een succesnummer te pakken, hoor.

INGREDIËNTEN

Voor 4 porties

grote zak grove soepgroenten
400 gram soepvlees
4 Maggi bouillonblokken
handje vermicelli
2 liter water

BEREIDING

1. Doe het soepvlees in een pan met heet water en breng dit aan de kook en laat dit goed afschuimen.

2. Voeg daarna de bouillonblokjes toe (naar smaak) en laat dit geheel 2 tot 3 uur trekken met de deksel op de pan.

4. Doe vervolgens de soepgroenten erbij en laat deze 20 minuten meekoken.

5. Voeg de laatste 10 minuten de vermicelli toe.

6. Klaar is Kees!

Eiersalade

If I could turn back time...
Tijd om een nieuwe herinnering te maken op vrijdagmiddag.
Kom jij dan nu bij mij aanschuiven, mam?

INGREDIËNTEN

Voor 3 witte bolletjes
3 eieren
3 à 4 volle eetlepels mayonaise
1 theelepel paprikapoeder
peper en zout naar smaak
3 witte bolletjes

BEREIDING

1. Kook de eieren in kokend water tot ze hard zijn.
2. Spoel ze af met koud water en laat ze afkoelen in een pannetje met koud water. Schil de eieren en prak ze met een vorkje in een kommetje.
3. Doe er 3 à 4 volle eetlepels mayonaise doorheen (naar smaak) en meng de paprikapoeder, zout en peper.
4. Verdeel de salade over 3 witte bolletjes of bewaar de helft in de koelkast.

Pip's smoothie (bowl)

Nu beide kinderen met de pot mee-eten, zien ze mij zelden in de keuken staan, maar met veel liefde bereid ik wél hun smoothie bowl. Overigens is deze smoothie bowl bij ons uit nood geboren, toen we in een fase zaten waarin Pip groentes per definitie niet lekker vond. Inmiddels zijn wij uit die fase, maar de smoothie bowl is gebleven.

INGREDIËNTEN

Voor 1 portie
1 handje spinazie
½ avocado
1 handje aardbeien
halve bevroren mango
3 eetlepels havermout
optie: water of havermelk

Toppings: granola, banaan, gojibessen, rozijnen, aardbeien, kokossnippers of bedenk een andere lekkere combinatie.

BEREIDING

1. Doe alle ingrediënten in de blender. Voeg zoveel water of havermelk toe als je wilt, het ligt eraan hoe dik of dun je jouw smoothie wilt.
2. Wanneer die wat dikker is, kan je er beter een smoothiebowl van maken. Dunner is weer makkelijker te drinken door een rietje voor de kleintjes!
3. Versier je smoothie (of bowl).

Spinazie met bruin

Het lievelingsgerecht van Willem en zijn broer én nu ook van onze kinderen.
Het is een supersimpel gerecht waarbij de borden worden afgelikt.

INGREDIËNTEN

Voor 4 porties
400 gram rösti naturel
450 gram blokjes diepvries
spinazie á la crème
250 gram hamblokjes
300 gram geraspte kaas (AH,
Goudse Oud bij voorkeur)
paneermeel
kleine klontjes boter

BEREIDING

1. Verdeel de ingrediënten
(behalve de paneermeel en de
klontjes boter) laag voor laag
in een ovenschaal, begin met
de rösti, dan de spinazieblokjes,
dan de hamblokjes en dan de
geraspte kaas.
2. Meet het zo af dat je twee
lagen kunt maken.
3. Verdeel tenslotte het
paneermeel over de bovenste laag
van geraspte kaas en klontjes
boter.
4. Zet het geheel 45 min in
de oven op 180 graden. Als de
schotel bevroren is en hij gaat de
oven in, kan het iets meer tijd
vergen.

*Tip: Het fijne is dat je de schaal kunt
maken en vervolgens later op de dag/
avond in de oven kunt schuiven.*

Lunchbox

En dan sta je ineens de lunchbox van je kind klaar te maken. Waar blijft de tijd? Aangezien mijn hersenhelften pas met elkaar communiceren, als Pip al lang en breed in de kring zit, verzorgt Willem 's ochtends het ontbijt en maakt hij de lunchbox klaar. De held. Wat overigens niet wil zeggen dat ik mij nergens mee bemoei, want bedenken wát er in de lunchbox gaat, vind ik dan wel weer een feestje.

De Yumbox zelf is al zo'n feest. Deze lunchbox heeft meerdere vakken. Zo kun je niet alleen de boterhammen, maar ook: het fruit, de groentes, de salades of de kwark netjes opbergen. Niet dat er iets mis is met een broodtrommel met daarin twee boterhammen, maar alle extra voedingsstoffen die je gedurende de dag kan aanbieden, kunnen maar 'binnen' zijn. Daarnaast vind ik het ook leuk om variatie in de lunchbox aan te brengen.

De lunchbox die je hieronder vindt, is absoluut niet alledaags, hoor. Ik maak echt niet elke dag couscous voor in de lunchbox, ben jij gek. Maar juist deze vakjes zijn ideaal voor de *leftovers* van de avond ervoor. Als we iets van het avondeten overhebben waar Pip dol op is, krijgt ze dat de volgende dag mee naar school.

Ik heb hieronder een aantal opties gegeven voor de invulling, maar check ook @yumboxbenelux voor gezonde, creatieve en lekkere variaties!

zuivel	druifjes	gedroogde mango
(vega) kaas	stukjes appel	gedroogde pruimen
paranoten, walnoten	aardbeitjes	stukjes 'appelchips'
amandelen	kiwi	rozijntjes
	blauwe bessen	
	banaan	
ei	wraps met vulling naar keuze	sojaboontjes
kwark	boterhammen	reepjes paprika/komkommer
quiche	pasta(salade)	worteltjes/tomaatjes

Positief
opvoeden

♥

Als je dacht dat je het druk hebt met je werk, dan moet je maar eens een kind grootbrengen. Ineens weet je pas wat echt werken is. *Right, moms?*

Al ver voordat ik zelf moeder was, heb ik mij verwonderd over het ouderschap. Het is de verantwoordelijkste job in *the whole wide world* waar je notabene geen diploma voor nodig hebt, nog niet eens een certificaat. Het vergt de meeste tijd, je grootste geduld, een gigantisch aanpassingsvermogen en een ongekende verantwoordelijkheid als je een persoon wilt afleveren die op een mooie en liefdevolle jeugd kan terugkijken, maar tevens sterk genoeg is om op eigen benen te staan.

Dat laatste begint letterlijk en figuurlijk vanaf het moment dat ze op hun eigen, kleine beentjes kunnen staan. Van jongs af aan hebben we geprobeerd de natuurlijke drang naar ontdekken en zelfstandigheid te stimuleren bij onze kinderen. Willem was hierin de aanvoerder en daarmee ook mijn grote inspiratie. Waar ik in het prille begin nog weleens team 'Kom maar, ik doe het wel' was, heeft Willem mij geleerd en laten zien dat kinderen zoveel meer kunnen, als ze maar de mogelijkheid krijgen. 'Wil je wat drinken? Pak dan het krukje en schuif het maar richting de koelkast, pak het drinken zelf maar.' 'Wil je een rietje bij je drankje?' 'Ga het zelf maar vragen!' 'Mis je een vork?' 'Je weet waar je moet zijn.' 'Wil je een koekje?' 'Vraag het maar aan de bediening.' In het begin moedigden we Pip echt wel aan en we zijn begonnen met het samen vragen, maar inmiddels staat er een appelsap op tafel, voordat we überhaupt zelf koffie hebben besteld. En tegenwoordig is haar boterham al gesmeerd, voordat ik de slaap uit mijn ogen heb gewreven. Het zit 'm in ieder dagelijks routineklusje: van schoenen aandoen tot de jas aantrekken of de autodeur openen.

Over die autodeur gesproken. Ook dit keer was het mijn man die mij liet inzien dat kinderen alles wat ze nog niet (beheerst) kunnen, wel kunnen leren. De autodeur kon Pip makkelijk openen en dichtdoen, maar ze deed dit niet beheerst genoeg en we waren er dus niet zeker van dat het zonder schade zou aflopen. Wie een peuter heeft, weet ook dat peuters héél graag zelf de autodeur openen. Vergelijk het met de boterham die per se dubbelgevouwen moet worden en absoluut níet gesneden mag worden; een willekeurig voorbeeld uit het eisenpakket van mijn peuter. Goed, terug naar de autodeur. Willem heeft het uitgelegd, hij heeft het voorgedaan en ze hebben geoefend met succes als resultaat. Door de jaren heen heb ik echt gemerkt dat leven vanuit kansen (in plaats vanuit angsten) zorgt voor een heel andere energie tussen een ouder en een kind. Gun ze hun stukje zelfstandigheid. Als de jas van Pip verkeerd omzit, dan mag ze daar zelf achter komen. Ik help haar als ze er zelf om vraagt en zo niet? Dan is het ook goed. Zolang ze geen gevaar vormt voor zichzelf of een ander, hoeft niet alles op mijn manier.

Soms kunnen bepaalde handvatten, eyeopeners of reminders heel fijn zijn voor jouw ontwikkeling als moeder. Ik heb veel boeken verslonden, cursussen gevolgd en veel mooie inzichten uit de praktijk gehaald. Dit boek maak ik voor jou, zodat jij het wiel niet opnieuw hoeft uit te vinden. Het is natuurlijk geheel aan jou welke draai jij eraan geeft. $\rightarrow$

Let's raise children who won't have to recover from their childhood

~ Palm Leo

Begrip voor een teleurstelling

Ik praat veel met Willem over onze rol als ouder en ik lees graag boeken die aansluiten bij onze *state of mind.* Tegelijkertijd doen we ook maar wat. Níemand van ons weet écht wat de impact zal zijn van je keuzes in de opvoeding van je kind(eren). Willem en ik doen ook dat waarvan wij denken dat dat het beste is. Maar misschien kijken onze kinderen straks terug op hun jeugd en vonden ze ons te streng of juist te makkelijk, te kortzichtig of juist te *open minded,* te bemoeizuchtig of juist te onverschillig. Ja, weten wij veel! Eén ding weet ik wel zeker, omdat dat keer op keer dé sleutel tot direct succes is geweest. Of deze sleutel universeel is, weet ik niet, maar het kan bijna niet anders, want *in the end* hebben we allemaal behoefte aan liefde en begrip. Hoe oud of jong we ook zijn; kinderen zijn ook net mensen ;-). Peuters kunnen nog weleens ontploffen, omdat ze met hun sloffen naar buiten willen, omdat ze de speeltuin niet willen verlaten, omdat ze een broek aan willen die vies is of, omdat (vul zelf maar in...). Onze sleutel tot succes wil zeker niet zeggen dat je dit allemaal maar moet toestaan, maar de sleutel houdt wel in dat je begrip toont voor de teleurstelling. Ik realiseerde mij een tijdje geleden dat de problemen van peuters niet minder groot zijn dan onze problemen, omdat hun hele wereldje ook veel kleiner ís. Hoe kunnen we ze nou verwijten dat ze zich aanstellen als het enige drama die zij kennen, gaat over de dingen die zich in hun kleine wereld afspelen? Dat zijn nou eenmaal geen zorgen over de hypotheek, lastige collega's of maandlasten. Hun zorgen zijn ook niet te vergelijken en een 'Stel je niet aan en...' is niet meteen de reactie die je verder brengt. *It makes it even worse.* Als ik even op mijn knieën ga, aandacht besteed aan haar teleurstelling en zeg dat ik het snap, zie ik keer op keer zo'n rust over haar heen komen en merk ik dat zij

veel eerder openstaat voor een oplossing. Ik zie het dan ook niet als onze taak om de frustratie die zij hebben zo snel mogelijk bij ze weg te nemen door hun zorgen te ontkrachten, ik wil deze zorgen juist benoemen en mijn kinderen helpen ermee om te gaan. Het is allemaal niet zo ingewikkeld, als je maar heel simpel denkt. Als je wereld zo klein is dat je nog niet kan relativeren, heb je begrip voor je *struggles* nodig, zodat je in veiligheid kunt opgroeien.

Voorbeeld zoals wij dit in de praktijk ervaren:
Ik: 'Je had echt heel graag een ijsje gewild, hè?'
P: Door haar tranen heen 'Ja! Echt heel graag!'
Ik: 'Ik snap het wel. Ik vind ijsjes ook zó lekker! We gaan hier nu geen ijsje eten, want we hebben net al taart gegeten, maar we kunnen wél zelf fruitijsjes maken/morgen na school een ijsje eten/je favoriete fruit kopen bij de supermarkt/vul zelf maar in...' →

Onze sleutel tot succes berat de rolgende rier stappen:

① Emotie benoemen
② Begrip tonen
③ Grens aangeven
④ Oplossing bieden of samen een oplossing zoeken

De heftige emoties van kinderen vertellen vaak al waar ze behoefte aan hebben. Als ik de clown uithang wanneer mijn dochter in tranen is, gooit ze haar kont tegen de krib en gaat het huilen over in schreeuwen. Wanneer ik begrip toon voor haar teleurstelling, zakt de emotie in haar lijf. Dit is niet altijd meteen het geval, soms moet ze even uitrazen. Ik probeer het later nog een keer, maar ik kom áltijd op een punt dat ze zich overgeeft aan mijn hulp. En ik begrijp het. Ondanks dat ik beter in staat ben mijn emoties in bedwang te houden dan mijn kind, heb ik tijdens een *meltdown* precies hetzelfde nodig als mijn kind. Ik wil niet dat Willem laconiek en lollig doet, wanneer ik in tranen ben. Ik wil dat ik héél even gezien word, mijn verdriet gevoeld wordt en ik een arm om mij heen krijg. Vervolgens kan ik er heel hard om lachen. Dat dan weer wel.

Het heeft mij geholpen, toen ik besefte dat mijn dochter een huilbui niet inzet om mij te jennen, maar dat dit haar échte emoties zijn. Ze hebben het recht om te mogen voelen wat ze voelen. Een frustratie komt altijd ergens vandaan en je kan je voorstellen dat een dreumes héél veel frustraties heeft als de dreumes zoveel meer wil dan dat 'ie kan. Ook in de peuter- en kleuterleeftijd merk ik dat een woedeaanval bijna altijd voortkomt uit een flinke teleurstelling, de behoefte aan autonomie, zich onbegrepen voelen of niet gehoord worden. Kunnen we onze kinderen een mooiere boodschap meegeven dan dat alle emoties er mogen zijn en dat deze emoties niet weggestopt hoeven te worden en ze áltijd op jou terug kunnen vallen als het hen even te veel wordt? Wat denk jij? Is er iets mooiers? Ik denk het niet <3.

Ik ben er heilig van overtuigd dat het de band met mijn dochters versterkt als zij ervaren dat alle emoties er mogen zijn en dat ik daar niet over oordeel. Nu ze nog zo jong zijn zal ik hier niet over oordelen en straks, als ze volwassen zijn, ook niet. Tot die tijd help ik mijn dochters, zodat zij leren hoe ze zich kunnen én mogen uiten: 'Je mag mij niet slaan, maar op dit kussen slaan mag wel. Kom, laten we het samen doen!'

Leestip: In het boek How2talk2kids kan je ook veel lezen over communiceren met kinderen.

Onvoorwaardelijke liefde

Het klinkt zo logisch en iedere ouder kan het beamen: je houdt onvoorwaardelijk van je kind. Ik denk echter wel dat er een verschil is in het zeggen en in het ook écht (laten) voelen. Als onze dochter(s) ongewenst gedrag vertonen, keuren wij onze dochter(s) niet af, maar wél het gedrag. Hier zit namelijk een wezenlijk verschil in. Wanneer we haar afkeuren bij ongewenst gedrag, leert ze dat wij onder bepaalde voorwaarden van haar houden of haar lief vinden. Dit staat ook zo verhelderend beschreven in het boek *Lastige kinderen? Heb jij even geluk!*: 'Als liefde een voorwaarde kent, is het geen liefde. Liefde is onvoorwaardelijk. Net zoals je ook niet een beetje zwanger kan zijn, kan je ook niet gedeeltelijk van een kind houden.' Ieder kind wil zich geliefd voelen door zijn ouders en het ergste wat een kind kan overkomen, is afgewezen worden door zijn ouder. Een kind dat in zijn jeugd door zijn ouders is aanvaard en bemind kweekt een grotere zelfverzekerdheid dan een kind dat altijd wordt afgekeurd. Dit betekent dus niet dat je nooit moet ingrijpen, maar ik keur bewust een actie van het kind af en nooit het kind zelf.

> ### 'The way we talk to our children becomes their inner voice'
> *- Peggy O'Mara*

Eigenlijk is het ook zo logisch. Betrek het maar eens op jezelf. Zelfs op volwassen leeftijd wil je door je ouders niet als persoon worden afgekeurd. Als jouw ouders het niet eens zijn met een bepaalde actie, kun je daarmee dealen en kan je daar ook begrip voor hebben. Mijn ouders vinden bijvoorbeeld mijn tatoeages niet mooi, dat mag (over smaak valt te twisten). Het zou niet leuk en eerlijk zijn als ik daar als persoon op word afgekeurd. Een actie is niet wie je bent. Een kind dat vervelend gedrag vertoont, is dus geen vervelend kind.

Ik geloof sterk in de uitspraak: *'The way we talk to our children becomes their inner voice!'* Door ongewenst gedrag vanuit de ik-vorm te benaderen en niet vanuit de jij-vorm, ben je er al. Bijvoorbeeld: 'Ik vind het vervelend als je aan mijn mouw trekt. Wil je daarmee stoppen, alsjeblieft?' In plaats van: 'Je bent altijd zo vervelend aan het einde van de dag. Ik vind je echt irritant!' Een ander

voorbeeld: 'Ik vind een tatoeage niet mooi en ik zou het zelf niet willen' in plaats van: 'Nu je een tatoeage hebt, ben je echt een onbeschaafd persoon.' *You get the point.*

Autonomie

Ik denk dat we als ouders minstens één gezamenlijke wens hebben als het om onze kinderen gaat. Naast een goede gezondheid wensen we vooral dat ze ook zelfstandig worden, dat ze zich zullen redden in de wereld die aan hun voeten ligt. Die toekomst waarin ze zelfstandig zullen zijn, begint met het stimuleren van hun autonomie in het nú. Ik denk daarom dat het effectiever is als je samen met je kind tot een afspraak komt waar je je allebei goed bij voelt, dan dat je lukraak regels oplegt en van je kinderen verwacht dat ze zich daaraan houden.

In het boek *Lastige kinderen? Heb jij even geluk!* schrijft auteur Berthold Gunster het volgende: 'Naast het feit dat verbieden in de praktijk vaak averechts werkt – en dus als opvoedingsinstrument nogal inefficiënt is – kan het in psychologische zin ook negatieve gevolgen hebben.' Zo betogen twee psychotherapeuten dat ouders die voornamelijk gebruikmaken van dreigen en verbieden, kinderen creëren die een vorm van *compulsive compliance* ontwikkelen: gedwongen gehoorzaamheid. Aangezien ze klakkeloos doen wat hun ouders zeggen dat zij moeten doen, ontwikkelen deze kinderen onvoldoende het vermogen waarmee zij zelfstandig en kritisch kunnen nadenken. Ze zijn later, als volwassene, niet of nauwelijks in staat op eigen kracht beslissingen te nemen. Er wordt ook geschreven dat de 'doe-wat-ik-zeg-aanpak' zich zo ook later zal uiten, terwijl je dan juist verwacht van je kind dat hij/zij zelf gaat nadenken over →

wat goed en fout is en niet zomaar doet wat een ander zegt dat hij/zij moet doen. [1]

Een treffend voorbeeld dat in het boek staat beschreven, is het volgende: je hoort ouders vaak zeggen: 'Toen hij klein was, was hij zo'n aardige jongen, hij was netjes, beleefd en voorkomend, kijk eens hoe hij zich nou gedraagt, ik snap het niet.' Barbara Coloroso, auteur op het gebied van opvoeding, reageert daar vervolgens op: 'Vanaf dat hij klein was, gedroeg hij zich, zoals jij wilde dat hij zich zou gedragen en zei hij de dingen waarvan jij wilde dat hij ze zou zeggen. Hij luisterde naar iemand anders die hem vertelde wat hij moest doen. Je zoon is niet veranderd. Hij luistert nog steeds naar andere mensen die hem vertellen wat hij moet doen. Het probleem is alleen dat jij 'die ander' niet meer bent, maar het zijn nu zijn leeftijdgenoten.' [1] Ik denk dat dit een heel logisch oorzaak-gevolgverhaal is en daarnaast denk ik dat het ook veel effectiever is als je je kind in het nemen van een beslissing betrekt, omdat je op die manier een intrinsieke motivatie aanwakkert. Deze motivatie geeft een kind veel meer reden om zich ergens aan te houden. Hij/zij heeft immers zelf meegedacht en toegestemd.

In de praktijk heeft deze manier van omgang bij Pip al vaker resultaat geboekt dan wanneer we zonder naar háár behoefte te luisteren haar iets oplegden. Inmiddels stelt Pip enkele keren per week voor om ergens een afspraakje over te maken. Ik juich het alleen maar toe, want het bevordert naar mijn mening haar creativiteit en het stimuleert het oplossingsgericht denken. Ze voelt klaarblijkelijk dat ze gehoord zal worden en

dat ook haar wensen er mogen zijn. In welke vorm we die wensen gieten? Daar maken we dan wel een afspraakje over ;-).

Tot slot: autonomie gaat niet alleen over zelfstandigheid, maar ook over de baas zijn over je eigen lichaam. Uiteraard hebben baby's en jonge kinderen verzorging nodig, maar ze zijn altijd de baas over hun eigen lichaam als het gaat om niet-noodzakelijk lichamelijk contact. Ik betrapte mezelf er een tijdje geleden op dat ik Pip soms forceerde in het geven van een knuffel of kus aan opa's, oma's, ooms, tantes, etc. Dit hoort toch zo als je weggaat of net aankomt? Tot ik op een gegeven moment mezelf afvroeg waar dit op sloeg. Hoe kan ik van haar verwachten dat ze fel van zich afbijt als ze in een situatie belandt waarin ze ongewenst wordt aangeraakt, als ik haar nú motiveer om anderen een kus of knuffel te geven tegen haar zin in? Zij heeft áltijd het recht om een kus of knuffel te weigeren. Je kunt het verwerpen met: 'Ja, maar dat is familie!' Juist in die situatie is het aangeven van je grens zo belangrijk; want als je bij je eigen familie al niet je grens durft aan te geven, waarom zou je dat dan wel bij een vreemde doen?

En gek genoeg wist ik diep van binnen wel dat ik er zo instond, want ik geef Pip nóóit zomaar een kus of knuffel. Ik vraag er altijd naar. Soms krijg ik er één en soms ook niet; het is haar goed recht. Toch vond ik het moeilijk om die standvastigheid hierin aan te houden als het om anderen ging, omdat dit (voor de ander) als een persoonlijke afwijzing kon worden opgevat. Ik realiseer me nu: dat is dan maar zo. →

Your children are not your children
They are the sons and daughters
of Life's longing for itself.
They come through you but not from you,
And though they are with you
they belong not to you.

You may give them your love
but not your thoughts
For they have their own thoughts.
You may house their bodies
but not their souls,
For their souls dwell in the house
of tomorrow, which you cannot
visit, not even in your dreams

~ Kahlil Gibran ~

Opvoeden met natuurlijke consequenties

We denken vaak dat wij als ouder weten wat goed voor ons kind is en we willen de mini's dan ook graag behoeden voor van alles en nog wat. Vaak zie je hoe dwingender jij je kind ervan wilt overtuigen dat hij/zij iets wel of niet moet doen, hoe meer verzet ze tonen. Ik zou het zelf heel erg vervelend vinden als ik van Willem per se mijn jas aan moet, omdat hij het koud heeft, terwijl ik het helemaal niet koud heb. Wat doet dat met mijn autonomie? Ik zou mij niet serieus genomen voelen, ik zou me letterlijk een klein kind voelen. Ik heb veel liever dat Pip zelf ervaart dat het buiten koud is en dat zij vervolgens besluit dat ze haar jas aan wil trekken, dan dat we al een strijd hebben gevoerd, voordat we nog maar één stap buiten hebben gezet.

Als in het zand vallen het ergste is wat Rosie kan overkomen, als zij vanaf een laag klimrekje op een speelveld valt, dan neem ik liever dat risico dan dat ik continu naast haar sta, zodat ik haar kan helpen of haar kan opvangen. Ik wil haar stimuleren om het zelf te doen en ook op fysiek gebied leert ze er meer van als ze zelf voelt wat haar grenzen zijn en waar deze liggen. Als jij het vertrouwen geeft dat ze het kunnen, dan creëren zij vertrouwen in zichzelf. Als het niet meteen lukt? Dan leren ze dat met vallen en opstaan. Jouw angst voor wat er allemaal kan gebeuren als het niet goed gaat, ontneemt hen het ervaren van de vrijheid én de succeservaring als het wel goed gaat.

Beschermen of iets voor je kind willen doen, komt altijd voort uit liefde en soms misschien een beetje uit tijdgebrek (!), toch geloof ik dat het voornamelijk voortkomt uit liefde. Dingen kunnen juist heel verrassend uitpakken, als je minder gehoor geeft aan angsten en meer leeft vanuit kansen. Natuurlijke consequenties voor mijzelf zijn altijd de allerbeste leerschool geweest. Geldt dat niet voor ons allemaal? Willem kan tegen mij zeggen dat ik met die ene schroevendraaier de deur van het speelgoedkeukentje niet krijg aangedraaid, maar ik ervaar het pas én leer er dus van als ik het eerst zelf heb geprobeerd. Gevolg? Als het inderdaad niet lukt, zal ik het de tweede keer anders doen. Wanneer je je kind iets minder 'overbeschermt' ontstaat er een natuurlijke leerschool. Waarom zou je je kind met een plastic theesetje laten spelen, als je eenzelfde, porseleinen setje bij de kringloop voor € 2,50 kan kopen? Je biedt je kinderen een kans: ze leren omgaan met kwetsbaar materiaal. Ze ervaren wat er gebeurt als je er grof mee omgaat; hoe je het moet opruimen als het gebroken is en zo weten ze voortaan waarom jij zegt dat ze voorzichtig moeten zijn met jouw servies. Ze hebben nu namelijk zelf ervaren wat er gebeurt als je dat niet bent.

28 juli 2019

Je eigen keus kan nooit de verkeerde zijn. Keuzes hoeven niet altijd goed uit te pakken, maar liever leren van een keus die je zelf hebt gemaakt dan altijd binnen de lijntjes kleuren.

Waarom niet i.p.v. waarom wel?

Sinds we onszelf eerst deze vraag stellen, voordat we Pip (en inmiddels Rosie) corrigeren, is er veel meer ruimte voor spel. Een voorbeeld dat ik ooit op Instagram plaatste, is het volgende:

12 januari 2018

Pip was bij de gordijnen aan het spelen en ik wilde haar daar weg hebben. Pip trok niet aan de gordijnen en deed er ook niks gevaarlijks mee. Ze speelde daar juíst een leuk spel, dus waarom mocht het eigenlijk niet? Het zette mij aan het denken. Zeggen we niet te vaak 'nee' zonder dat we er een goede reden voor hebben? →

Zeggen we niet te vaak 'nee' zonder er een goede reden voor te hebben?

Island baby. Dit is waar ik nu zo van kan genieten, de tijd hebben en nemen om 365 keer 'kiekeboe' te spelen. Én de tijd hebben om kritisch naar mijn eigen reacties te kijken. Waarom mag ze bijvoorbeeld iets niet? Omdat het gevaarlijk is? Omdat het sociaal ongewenst gedrag is? Omdat ik het irritant vind of omdat ik het uit automatisme zeg? Ik wilde haar in eerste instantie weg hebben bij de gordijnen, maar ze trok er niet aan en ze deed er ook niks gevaarlijks mee. Het was juíst een leuk spel. Dus waarom mocht het dan niet? Ik heb mezelf even gecorrigeerd en zo kwamen we aan bij 'kiekeboe nummer 366'. #andagainanotetoself

Bied alternatieven aan

Kinderen hebben vaak heel goede ideeën, als we ze maar zien en ons niet laten leiden door beperkende overtuigingen. Maar heel eerlijk, soms…

Zo heb ik ooit in de gleuf van de floppydrive van mijn vaders computer een speculaas gestoken (joe, '90s kid!) en heb ik mijn eigen haren geknipt. In dit soort situaties kan je als ouder heel boos worden en de focus leggen op wat er allemaal niet mag, maar je kan het ook omdraaien naar wat er wél mag. Met een mes rondlopen mag niet, maar met een lepel rondlopen mag wel. We geven geen water aan de spullen in je speelhoekje, maar de plantjes krijgen wel water. Je mag niet met boeken gooien, maar wel met deze bal en ga zo maar door. Kortom: ongewenst gedrag kun je ook afleren, als je juist het gewenste gedrag benoemt.

How much does it matter 5 years from now?

Als ouder kun je het jezelf soms zo moeilijk maken als je maar blijft vasthouden aan bepaalde overtuigingen. De volgende mantra maakt het ouderschap direct een stuk makkelijker! Met regelmaat wrong ik mij in allerlei bochten, omdat ik 's ochtends de groentehap wilde maken die Pip dan 's middags kreeg. De ambitie om zoveel mogelijk zelf te koken is helemaal prima, maar het is óók he-le-maal prima als je diezelfde ambitie even laat varen, want heel eerlijk…

How much does it matter 5 years from now… dat je op die derde dinsdag in september geen zelfgemaakt broccolistamppotje hebt opgediend? Of…

How much does it matter 5 years from now dat je de oppas volgende week op je vrije dag laat oppassen, zodat je de hele dag kan doen waar jij zin in hebt?

How much does it matter 5 years from now dat de kinderen een nachtje uit logeren zijn gegaan, zodat je zelf even kan doorslapen (of de bloemetjes eens flink buiten kan zetten)?

How much does it matter 5 years from now dat jullie vandaag Cup a soup en een zak Doritos als avondeten eten, omdat je écht geen kracht meer hebt om boodschappen te doen?

How much does it matter 5 years from now dat je mini, ondanks je geambieerde suikervrije opvoeding, toch een keer slagroom bij z'n taartje krijgt?

How much does it matter 5 years from now dat je een paar dagen naar het buitenland moet voor je werk?

How much does it matter 5 years from now dat jullie de hele dag in pyjama's op de bank gaan hangen en de voorraadkast leeg snacken?

How much does it matter 5 years from now dat je kinderen vanavond zonder tandenpoetsen naar bed gaan?

How much does it matter 5 years from now dat je je kind even voor de televisie zet, zodat jij kan werken/slapen/bellen of alles achter elkaar?

Je doet al zo je best. Echt. Anders had je dit boek nu ook niet in je handen gehad. Er vallen heus geen gewonden als je je principes soms eens aan de kant schuift of de boel de boel laat. Kinderen ontsporen daar niet direct van, ze groeien niet meteen op met overgewicht en raken ook niet plots verwaarloosd. Als je deze mantra eenmaal onder de knie hebt, gaat er letterlijk een wereld van tijd én energie voor je open, want hoe meer tijd je voor jezelf hebt, hoe minder gestrest je bent. En daar heeft iedereen dan weer plezier van.

En nu moet ik er wel bij zeggen... een tweede helpt ook ;-).

Choose your battles

We kunnen heel veel 'lastige situaties' met onze kinderen hebben, maar moeten we wel overal tegen willen strijden? De eerste keer dat ik mij hiervan bewust was, was toen Pip met een tube tandpasta naar buiten wilde. Net op het moment dat ik de deur uit wilde gaan, was zij met deze tube aan het spelen. Sinds deze situatie stel ik mezelf de vraag: 'Is het kostbaar, is het kwetsbaar of is het gevaarlijk? Nee? Oké, neem mee!' Luidt één van de antwoorden als een twijfelachtige 'ja', dan kan dat met een afspraakje worden opgelost. Zo liepen we eens naar mijn fiets. Onderweg kwam Pip een stok tegen, een grote dikke stok. Ze vond hem te gek. Ik vond 'm ook te gek, maar niet voor op de fiets. De kans dat iemand tijdens de ochtendspits in Amsterdam een stok in z'n oog kreeg, was namelijk aanwezig. Kostbaar of kwetsbaar was de stok niet, maar gevaarlijk kon die dus wel zijn. Pip was verdrietig en boos tegelijk, omdat ik haar stok af wilde pakken. Dat begreep ik ook wel. Ze was nog geen 2,5 jaar oud, dus dan zijn dit de grote tegenslagen in je leven. Ik maakte met haar de afspraak dat zij haar stok op de fiets mocht meenemen, op voorwaarde dat ze hem geklemd hield tussen haar voet en de voetensteun. *And guess what? Case closed.* →

Dit moment kan je terugkijken in de vlog door dit icoontje te scannen en te scrollen naar minuut 6:00.

Bekijk de Vlog 📱

22 augustus 2019

Het lot van een tweede of beter gezegd... Het genot voor de tweede. Waar Pip voor haar eerste verjaardag nog geen Baby tv had gezien, profiteert Rosie nu mee van de schermtijd van haar zus en kan ze dus al bijna de theme song van Spirit meezingen. Waar ik bij Pip tot in de late uurtjes hapjes stond te maken was Rosie haar eerste hapje een potje, kwam zo uit. En waar Pip onder de 1 jaar nog geen ijsje had gegeten heeft Rosie al minstens 3 keer de punt van een raket ijsje in haar mond geduwd gekregen. Ach, ken je de 5 bij 5 regel? If it won't matter in 5 years, don't spend more than 5 minutes worrying about it. #endoor

En tot slot,

Kinderen doen wat jij doet, niet wat jij zegt

Eén van de mooiste eyeopeners kreeg ik tijdens het lezen van het boek *Van peuter tot kleuter* uit de serie: *de zeven stappen naar succesvol ouderschap*. Auteur Hedvig zegt hierin heel raak: 'Je bent niet alleen aan het opvoeden als het kind een door jou getrokken grens overgaat; opvoeden gaat de hele dag door, altijd en overal.'[2]

Mijn voorkeur gaat ook niet uit naar straffen, omdat dan juist op het moment dat ze uitleg, sturing en hulp nodig hebben van ze wordt gevraagd dat ze het zelf uitzoeken. De nadruk wordt dan gelegd op wat je niet wilt zien in plaats van het gedrag dat je wél wilt zien. Ik wil hiermee voorkomen dat het 'niet willen belanden in de *naughty corner*' een motivatie wordt om iets niet óf juist wel te doen (negatieve aandacht is ook aandacht). Daarnaast hebben jonge kinderen mijns inziens nog helemaal niet het vermogen waarmee zij hun zonden kunnen overdenken en zelf invulling kunnen geven aan de manier waarop ze het de volgende keer beter of anders kunnen doen. Ze hebben ons nodig als hun gids die ze hierin begeleidt.

Hedvig slaagde erin om, in haar bovengenoemde boek, in slechts vier zinnen het allesomvattende ouderschap te omschrijven: 'Je kind houdt voortdurend in de gaten wat jij doet, ook wanneer je daar niet over nadenkt. Je bent dus ook voortdurend aan het opvoeden. Je kind kijkt naar je als je door het haar van je geliefde strijkt; je kind ziet je als je het vuilnis buitenzet, als je tegen de tv praat en als het leven tegen- of meezit. Je kind leert voortdurend van alle dingen die jij doet. Van al die kleine, onzichtbare dingen waar ons leven uit bestaat.'[2]

> 'Your influence as a mother is powerful. Don't waste it. Little eyes are watching you.'

Is het niet heel fijn om te lezen en te realiseren dat het ook écht zo is? De keren dat je een conflict hebt met je kind en je jezelf wel voor je kop kunt slaan, omdat je anders reageerde dan je wilde, vormt niet de basis. Jouw opvoedbasis wordt wel gevormd door hoe je structureel met je partner praat of hoe je over anderen praat in het bijzijn van je kinderen. Als je als kind de hele dag door geroddel hoort, hoe moet het beeld over de wereld dan wel niet gevormd worden? Zal dit kind dan bedenken dat iemand nooit goed genoeg is? Of misschien denkt het kind dan juist dat iedereen altijd over elkaar praat en dat er dus vast ook vervelend over het kind wordt gesproken. Ik kan mij de momenten nog heel goed herinneren toen er door volwassenen geroddeld werd over iemand die ik ook kende. De situatie voelde onprettig en onveilig. Helemaal wanneer er duidelijk sprake was van frustratie en daarmee ook de toon veranderde. Wat deed ik? Ik liep op eieren, ik hield mezelf 'koest' of ik ging juist overcompenseren, zodat ik maar niet de druppel zou zijn die de emmer deed overlopen. Ik weet 100% zeker dat deze personen zich niks meer van deze momenten kunnen herinneren, laat staan dat zij zich realiseren welk effect het op mij heeft gehad. Ik vind Hedvigs uitspraak daarom zo'n mooie eyeopener en juist deze opmerking zorgt voor het inzicht: *'Some little eyes are watching you, all the freaking time.'* ■

Het enige wat je dus hoeft te doen, is jezelf zijn.
Mijn kinderen hebben mij gedwongen om de beste versie
van mezelf te zijn. En of dat altijd lukt...? Lang niet altijd.
But at least I try <3.

LOU NIESTADT

- Moeder van dochters Kees (27), Sjimmie (25) en Jipp (24)
- Nana van kleindochters Liv (6), Sev (2) en kleinzoon Wolf (5)
- Auteur en illustrator van de boeken *Groots en Meeslepend Leven; een ode aan dagelijkse sleur*, *Less is Luxe; licht & avontuurlijk leven* en *Moedige Moeders & Dappere Dochters* dit laatste boek schreef zij samen met haar dochter Jipp
- Founder van de 'Universal Laws School' met online cursussen voor ouders en hun kinderen om de Universele Wetten, zoals de Wet van Aantrekking, te leren, te léven en door te geven
- lou.niestadt | www.louniestadt.com

Soms komen er mensen op je digitale pad die met hun woorden, inzichten en levensstijl jou kunnen inspireren. Zij kunnen je inzichten geven die jij in je offline leven mee kan nemen, zo kun jij jouw eigen leven én dat van anderen positief beïnvloeden. Lou is zo niemand, zij is zo iemand die vanaf het eerste moment dat zij in mijn tijdlijn verscheen een onvergetelijke indruk maakte.

Inwijding

Dit is een **pleidooi** voor ONVOORWAARDELIJKE LIEFDE. Laten we EERLIJK zijn. het is heel MAKKELIJK om van je KINDEREN te houden als ze PRECIES doen wat JIJ zegt of denkt dat GOED voor ze is. maar houden van JE KIND dat BUITEN de LIJNTJES kleurt, van het CONVENTIONELE PAD af durft te dwalen en je UITDAAGT om DIEP naar BINNEN te gaan om je *overtuigingen* en *verwachtingen* te ONDERZOEKEN en TEGEN het *licht* te HOUDEN, dát is een UITDAGING en een BEPROEVING, een TEST om te (laten) zien wat je WAAR(d) bent. Kun je 'IK HOU van *jou*' waar maken? HOE DAN OOK? Wat je OOK doet? Het is een UITNODIGING van je KIND tot LIEFDE met een HOOFDLetter L en een MOGELIJKHEID voor *persoonlijke groei*. Voor JOU en voor je GEZIN. want als er *eentje* uit de BAND SPRINGT heeft dat EFFECT op IEDEREEN. Het is een OPROEP TOT AVONTUUR als je het AANDURFT om te KIJKEN naar je KIND. écht te kijken naar wie hij of zij is en wat het van JOU nodig heeft om tot *bloei* te komen. Als je de MOED hebt om de TEUGELS te laten VIEREN en niet (langer) je WIL op te leggen, of VOORWAARDEN te stellen, maar in plaats daarvan OP ZOEK gaat naar het ANTWOORD op de vraag 'Wat zou *liefde doen*?' dan staat er iets MOOIS te GEBEUREN.

Op de linkerpagina staat een prachtige stuk uit jouw boek. En pak je wat mij betreft de essentie van wat ouderschap zou moeten zijn, maar tegelijkertijd is dit ook één van de grootste uitdagingen.

Dit is de *job* die wij, als ouders, moeten 'doen', denk ik. Het is zo makkelijk om onvoorwaardelijk van je kinderen te houden als ze precies doen wat jij denkt dat ze moeten doen. Maar als het er echt op aankomt, kun je ook houden van je kind als het zijn eigen pad kiest? Kun je houden van een kind dat anders in het leven staat dan jij? Kun je houden van een kind dat een pad kiest waarvan jij denkt dat het een doodlopende weg is? Als je eens kijkt naar het antwoord op de vraag: 'Wat zou Liefde voor je kunnen doen, wie ben jij en wat heb jij van mij nodig?', dan brengt die vraag je steeds terug naar onvoorwaardelijke liefde voor je kinderen. Ze zijn niet van jou. Ze zijn hier, omdat ze een bepaald pad zullen ontdekken. Wij hebben al een deel van het pad gelopen, maar wij weten hoeveel *struggles* het met zich mee kan brengen als je je eigen pad wilt gaan en een ander kijkt daar anders naar. Wij weten dan ook hoe belangrijk het is dat je de vrijheid voelt om jouw eigen keuzes en fouten te maken.

Je gunt dit toch ieder kind. Als ik rondvraag binnen mijn eigen kennissen- en vriendenkring, hoor ik vaak dat meer mensen die vrijheid niet zo hebben ervaren dan dat zij die wel voelden.

De angst zit volgens mij ook in het feit dat wij denken dat wij erop worden afgerekend. Het gaat bijna altijd over ons. Als ons kind iets gaat doen waarvan wij denken: 'Hmmm....', dan heeft dat heel vaak te maken met het feit dat we bang zijn dat een ander een oordeel heeft over ons als opvoeder. Maar het gaat niet over jou, het gaat over je kind. Het was eigenlijk zo'n goed avontuur dat Jipp op haar zeventiende een kind kreeg. Natuurlijk is daar een heel gebeuren aan voorafgegaan, voordat ze besloten om op zeventien- en negentienjarige leeftijd ouders te worden van hun oudste dochter. Bij mij kwamen ook allerlei herinneringen van reacties op mijn eerste zwangerschap naar boven, ik was destijds 25. Je krijgt al die dingen net zo makkelijk weer terug, terwijl je denkt: 'Uh... hier heb ik toch al mee gedeald?' Dat maakt het tegelijkertijd heel dierbaar, want je krijgt een inkijkje in het leven van je eigen ouders. →

Je realiseert je bijvoorbeeld dat zij zich gewoon zorgen om je maakten of je hoort jezelf ineens dingen zeggen die je ouders zeiden, waarvan je altijd dacht dat je dat écht anders ging doen.

Ben je je ouders beter gaan begrijpen?

Enerzijds ga je je ouders veel beter begrijpen. Laten we eerlijk zijn: het ouderschap kun je nooit helemaal goed doen, je gaat fouten maken. Je bent er niet voor naar school geweest. Je moet het gaandeweg ontdekken, want je wordt pas moeder of vader op het moment dat het kind is er is of op het moment dat je zwanger bent, je krijgt geen gebruiksaanwijzing van jezelf als ouder én niet van je kind.

Gaandeweg moet je alles ontdekken en ik vind het fantastisch dat ik nu kleinkinderen heb, want nu heb ik wel het gevoel dat ik 'naar school' ben geweest.

Bedoel je dat je een tweede kans krijgt?

Ja, je krijgt een soort van tweede kans, omdat je weet dat er zoveel mogelijkheden zijn. Als ik toen had geweten wat ik nu weet, had ik andere keuzes gemaakt. Het geeft niet dat we dingen niet goed doen, want dat is onvermijdelijk. Pijn is onvermijdelijk en lijden is een keuze. We blijven veel te vaak hangen in dingen die we niet goed gedaan hebben, maar we zullen continu uitglijders maken.

Wanneer je volwassen bent en naar je ouders kijkt met een bepaald oordeel, helpt deze gedachte ook: 'Als ze het beter hadden kunnen doen, dan hadden ze het gedaan.'
Je neemt jezelf mee. Jouw ouders nemen hún opvoeding met zich mee. Ik heb eens gelezen over een experiment dat is uitgevoerd met muizen. Over mannetjesmuizen werd een kersenbloesemgeur gesprayd en tegelijkertijd lieten ze de vloer van de kooi waarin de muizen zich bevonden trillen. De muizen raakten volledig in paniek en niet veel later raakten de muizen volledig in paniek bij alleen al de geur van kersenbloesem. Die muizen hebben ze laten paren met vrouwtjesmuizen uit een ander laboratorium (die dus nooit kersenbloesem hebben geroken en ook nooit de vloer voelden trillen) en de baby's die daaruit voortkwamen, raakten volledig in paniek bij alleen het ruiken van kersenbloesem. Zij kregen meteen een paniekreactie bij de geur. Dit gaat zo nog zes generaties door, dus in totaal hebben zeven generaties last van het trauma van, in dit geval, de vader. Als je nagaat hoeveel onze voorouders hebben meegemaakt, denk aan oorlogen en schaarste, dan realiseer je je wel dat wij dit allemaal met ons meenemen. Het plakt als het ware aan ons DNA.

Denk je niet dat wij trauma's uit vorige generaties eerder doorbreken, omdat het nu zoveel normaler is om met iemand te gaan praten?
Ja, dat denk ik wel, daarom is bewustwording zo belangrijk. Toen ik over dit experiment las, riep ik ook meteen mijn dochters erbij. Ik legde ze uit dat dat dus kan betekenen dat hun 'lasten' niet per se van hen zijn. Het is misschien van mij, of van oma of van de oma van oma. Als je last hebt van dingen, houd ze dan tegen het licht en vraag jezelf af of het überhaupt van jou is. Wat vind ík hiervan? Voor je het weet, geef je overtuigingen aan je kinderen door die helemaal niet van jou, maar van je ouders zijn.

Ik heb mij verdiept in bewustzijn en onderbewustzijn. 5% van de tijd zitten we in ons bewustzijn en 95% van de tijd in ons onderbewustzijn. In ons onderbewustzijn liggen al dit soort overtuigingen opgeslagen. Heel zwart-wit: tot je zevende leef je alleen maar onderbewust. Je wordt helemaal blanco geboren en vervolgens word je opgevoed door je ouders, door je omgeving, door leerkrachten, buren, vriendjes, broertjes en zusjes. Tot je zevende ben je een soort spons. Je neemt alles wat je hoort en ziet voor 'waar' aan; het wordt je besturingssysteem. Wij zijn zevenjarige moeders. Ons besturingssysteem is gebaseerd op al die dingen die in dat onderbewustzijn zijn geplempt, met alle goede bedoelingen uiteraard. →

Het zit 'm ook echt in de meest alledaagse dingen. Ik realiseerde mij een tijd geleden dat ook de manier waarop ik reageer op iets overgenomen gaat worden door mijn dochter. Wanneer ik elke keer klaag en zucht als het regent, ontneem ik mijn dochter om er zélf iets van te vinden, want ze neemt bij voorbaat van mij aan dat regen k*t is.

Dit vind ik een heel mooi voorbeeld, omdat regen één van de makkelijkste dingen is waarbij je het leven moet nemen, zoals het komt. Regen is zo fijn voor onze tuin en ook de boer is superblij met dit weer. Maar regent het op je trouwdag? Dan baal je.

Wij wonen op een woonboot en even geleden lag er een boot tegenover ons en terwijl het regende, sprongen twee jongens continu van de boot. Mijn kleinkinderen waren bij mij, ik liet aan hen zien dat je zo ook naar regen kunt kijken. Het is zo'n goede oefening waarbij je de dingen kunt nemen, zoals ze komen. Alles wat we zeggen en alles wat we doen slaan onze kinderen op.

> ## 'Alles wat we zeggen en alles wat we doen slaan onze kinderen op'

En nemen ze voor 'waar' aan...
Ja! En dat wetende, wist ik opeens dat mijn ouders ook zevenjarige ouders waren. Mijn opa en oma waren zevenjarige opa's en oma's. Het was voor mij echt een *eyeopener,* toen ik zag: 'Wow. Al die generaties voor mij leefden ook met besturingssystemen van zevenjarigen.' Als je er dan toch aan denkt wat er bij hen allemaal is opgeslagen... Mijn ouders zijn in de oorlog geboren en mijn opa en oma hebben de Tweede Wereldoorlog meegemaakt. Al die angst ligt in hen opgeslagen en wordt dus meegegeven aan ons. Dit kan bij wijze van spreken effect hebben op hoe wij met eten omgaan, als er toen schaarste was. Als je zo kan kijken, dan is er opeens ook geen 'goed' of 'fout' meer. We zijn op die manier geprogrammeerd en dan is het nu aan ons om onszelf te herprogrammeren.

Ik ben wat ouder, dus als ik het vergelijk met een tuin, dan is mijn tuin behoorlijk overwoekerd met onkruid. Ik ben er echt wel even mee bezig als ik al die beperkende overtuigingen eruit wil trekken. En zoals het gaat met onkruid, ik wapper het zo over naar de tuintjes van mijn kinderen. Dus dan zeg ik: 'Hé jongens, het kan heel goed zijn dat jouw tuintje best wel volstaat met onkruid dat bij mij vandaan komt.' Het voordeel is dat mijn kinderen jonger zijn, dus bij hen is het minder diep geworteld en gaat het er makkelijk(er) uit. Het enige wat ik kan doen, is onkruid wieden.

Het voordeel van kleinkinderen? Als *gatekeepers* staan we nu allemaal voor hun tuintje, zodat we ons veel bewuster zijn van al dat onkruid van ons dat overwaait en er dus bij definitie al minder snel in waait. Ik snap hoe overwoekerd de tuin van mijn ouders is. Ik zie ook hoe het mijn tuin heeft overwoekerd en welke *shit* ik daar zelf nog bijgestort heb en hoe ik dat onbedoeld over heb laten waaien naar de tuinen van mijn kinderen. Nu help ik gewoon onkruid wieden en kijk ik naar zaken als; waar houd jij van? Wat moet erin? Maak een ontwerp voor je tuin en zorg voor je eigen tuin, want als ik voor mijn tuin zorg en zorg dat er geen onkruid meer in staat, dan waait het ook niet over.

Even terug naar de eerste pagina uit jouw boek, hier zei jij: 'Wat zou Liefde doen?' Ik vind dat een prachtige vraag die je jezelf dagelijks kan stellen in de omgang met je kinderen.
Ik gebruik die vraag héél vaak, want als je die vraag stelt, dan is het antwoord bijna altijd anders dan dat wat je van plan was. Als je dan durft te doen, wat Liefde zou doen, kun je het per definitie niet fout doen. Als je het al zou kunnen hebben over 'goed' of 'fout'. Vanuit liefde kijk je altijd naar wat goed is voor de ander in plaats van dat je kijkt naar wat goed is voor jezelf. Je bekijkt het dan niet vanuit een oordeel of vanuit dat ego of vanuit het idee waarvan ík denk dat het goed is. Je kunt dan veel beter kijken naar: wie ben jij? Wat heb jij van mij nodig? Dat blijft er ook één

die je net eventjes dat bewustzijn helpt creëren om tijdens het kijken naar je kind: wie ben jij? En wat heb jij van mij nodig, zodat je dat kunt laten floreren? Als je wilt dat je kind een eigen keuze maakt, dan moet jij Zwitserland zijn. Natuurlijk ga je wel het gesprek aan, zodat je samen kunt kijken hoe je het beste tot een keuze kunt komen. Zo hebben we dat ook gedaan bij de zwangerschap van Jipp, want haar hersenen waren nog volop in ontwikkeling en daar was ik me ook bewust van, maar ik kon wel goed sturen op 'juist denken'. Wij bespraken de 'voors en tegens' en ik heb met Jipp ook een visualisatie gedaan: 'Stel, we zijn vijf jaar verder... Wat zie je?' Toen ze daar uiteindelijk uitkwam, zei ze: 'Ik moet het houden!'

Wat was jouw eerste gedachte, toen Jipp erachter kwam dat ze zwanger was?
Ik had de bizarste gedachte. Ik dacht: 'Ooh...wel leuk, een baby erbij!' Een *split second* later dacht ik: 'Belachelijk! Hoe kan je dat nou fantastisch vinden? Je kind is zeventien. Doe normaal.' Dit is nu precies waarom je je bewustzijn wilt verhogen. Die tweede gedachte ging er zo snel overheen, ik realiseerde me: als je hier niet bewust bij stilstaat, is dát wat je denkt dat je denkt. →

Naast al je eigen gedachtes kreeg je ook te maken met gedachtes van anderen: 'Hoe heeft dit kunnen gebeuren? Had ze niet voorzichtiger kunnen zijn?' Ondanks dat jij dat ook allemaal hebt gedacht, schreef je: 'Je kind afkeuren, omdat ze in jouw ogen niet goed is, is alsnog je kind aborteren, omdat ze niet is zoals jij denkt dat ze zou moeten zijn.'

Jipp voelde binnen ons gezin de volledige vrijheid en zo kon zij haar eigen keuze maken. Ik denk dat dat onvoorwaardelijke liefde is. Voor mij is het belangrijkste in mijn gezin dat het een *safe space* is. Hier kan je jezelf zijn, hier hoef je geen masker op, hier hoef je je niet te verdedigen tegen de buitenwereld. Het moet een plek zijn waar je jezelf mag zijn, waar je fouten mag maken en waar je niet afgerekend wordt op een fout die je bij wijze van spreken op je derde hebt gemaakt en je op je dertiende nog hoort.

Ik vind het zo dapper dat jij tijdens de zwangerschap van Jipp besloot uit elkaar te gaan met de vader van jouw kinderen. Dit was ongetwijfeld een besluit dat veel moeilijker is dan bij elkaar blijven.

Het was in eerste instantie een tijdelijk besluit, maar al snel kwam ik erachter dat ik het zo wilde houden. Ik vond het gewoon makkelijker. Dat klinkt heel gek, maar het is zo helder. Jij bent degene die de keuzes maakt en daarvoor denk je dat je het samen doet, maar dan moet je het alleen doen en wordt de irritatie alleen maar groter. Ik wil een ander niet beknotten in zijn vrijheid. Hij had nog wilde haren en als je die hebt, moet je ze leven. Ik wilde hem niet kortwieken.

Je hebt hiermee, denk ik, ook een hele mooie les aan je kinderen gegeven, namelijk dat je altijd voor jezelf moet kiezen.

Ik was mij daar heel bewust van. Jipp moest nog geboren worden, maar ik dacht: 'Als ik niet met hem oud wil worden, dan gaat dit niet werken.' We hadden ook voor de kinderen bij elkaar kunnen blijven, maar ik laat mijn kinderen veel liever zien hoe je een goede relatie met jezelf hebt dan een slechte relatie met een ander. Wat leer ik ze dan?

Achteraf bleek Jipp op tienjarige leeftijd wel het gevoel te hebben dat haar vader en ik niet meer bij elkaar waren en dat dit door haar kwam. Wij waren immers uit elkaar gegaan, toen ik zwanger was van haar, dus voor haar gold: 1 + 1 = 2. We hadden hier een heel goed gesprek over waarin ik haar uitlegde dat het écht niet haar schuld was. Kort na ons gesprek belde ik haar vader Kees en stelde ik voor om Jipp voor haar verjaardag een dag met haar ouders te geven. Vervolgens hebben we met z'n drieën op haar verjaardag een *trip down memory lane* gemaakt. Toen heeft ze ook echt kunnen ervaren dat haar vader bij alles betrokken was, omdat hij haar precies kon vertellen waar zich wat heeft afgespeeld. Ondertussen was Pascal, mijn man, samen met Kees en Sjimmie een surpriseparty thuis aan het organiseren waarin ze kon zien dat alle mensen die nu in haar leven waren, er waren omdat haar vader en ik niet meer samen waren. Pascal en zijn familie waren er, maar ook de vrouw van Kees met haar familie. Sindsdien is ze helemaal los van het gevoel. →

Je kan voor jezelf keuzes maken en je moet voor jezelf keuzes maken. Het is echt: eigen zuurstofmasker eerst. Je kunt niet kiezen voor je kinderen, want als we bij elkaar waren gebleven, had ze ergens anders last van gehad. Als ouder moet je, denk ik, kiezen voor wat goed voor jou is. Jij bent verantwoordelijk voor jouw leven. Jij moet jouw leven leven. Je kan het niet leven voor een ander. Ik zou m'n keuzes opnieuw zo maken. Ik zou mijn kinderen krijgen met Kees en ze opvoeden met Pascal.

Je kan het in het ouderschap nooit helemaal goed doen, maar je kan het in ieder geval voor jezelf goed doen. Je kan altijd alles oplossen door het gesprek aan te gaan. Geef kinderen de ruimte om hun visie op iets te laten zien. Laten we eerlijk zijn; ik had het moederschap ook nog nooit eerder gedaan, dus ik heb wel altijd opengestaan voor alle feedback en ideeën van de kinderen. Ik zei altijd: 'Dit is wat ik denk dat we moeten doen, maar vanavond kan ik iets lezen, waardoor ik er morgen anders over denk.' Ik houd daarom ook heel erg van de quote van Maya Angelou: *'Do the best you can, untill you know better. If you know better, you do better.'*

Dit is wat ik tot nu toe kan, dit is wat ik tot nu toe denk en als één van mijn kinderen een idee heeft over hoe het anders kan of hoe zij het anders zouden doen, hoor ik dat ook graag, want dat kan ook mijn *mind* openen. Wij hebben elkaar opgevoed en ik leer minstens zoveel van mijn kinderen als zij van mij. Als ik je niet leer hoe je met mes en vork kan eten, dan kan je niet kiezen om met je handen te eten.

Als ouder krijg je vaak te maken met meningen van anderen. In jouw boek schrijf je het volgende over Jipp die op haar zeventiende zwanger is: 'Het is mijn hoofd dat er van alles van vindt. Nee, sterker nog; het is mijn hoofd dat bang is voor wat een ander ervan vindt.' Op allerlei vlakken zal dit zo herkenbaar zijn voor moeders. Hoe ben jij als moeder omgegaan met de mening van anderen?
Mij heeft het geholpen om dieper te kijken. Een mening van een ander is een reflectie van hun eigen angsten. Mijn kinderen mochten bijvoorbeeld al vrij snel alleen op de fiets naar school. We hadden het zó vaak samen gefietst en ik dacht: 'Wanneer ga je je kinderen loslaten?' Ze mochten van mij zelf gaan en ook na het afspreken bij een vriendinnetje zelf naar huis fietsen. Negen van de tien keer werd één van mijn dochters thuisgebracht en lag de fiets achterin de auto, want de andere ouder vond het alleen fietsen dan onverantwoord.

Dat vond ik altijd heel lastig. Welk signaal geef jij af aan mijn kind? A. Jij kan dat niet zelf. B. Jouw moeder is onverantwoordelijk. Dit is dus waarom een oordeel van een ander ook een uitnodiging is om even wat dieper te gaan. Is het onverantwoordelijk wat ik doe? 'Dat weet ik niet. Dat weet ik pas op het moment dat het fout gaat.' Ik realiseerde me toen, dat het daardoor kwam. Je denkt nu al aan wat er gebeurt als het fout gaat, want dan zullen anderen zeggen: 'Ja, zie je nou! Je had ze ook niet zelf moeten laten fietsen.' Dus het is allemaal angst voor wat er kan gebeuren en angst voor wat daar dan weer van gevonden wordt. Dat speelt zich allemaal ergens in de toekomst af. Ik trok mezelf dan elke keer weer terug naar mijn eigen veiligheid: dit is dit moment. En ik heb het zo váák met ze gefietst.

Ik vind het zo belangrijk dat je als ouder je kinderen niet de hele dag waarschuwt. Als je de hele dag roept: 'Kijk uit! Pas op!', dan wachten ze op jou. Dan word jij hun intuïtie. Als je ze de *basic safety rules* leert, zoals geen EarPods in als je op de fiets zit, niet appen op de fiets, etc. dan kan je afspreken: Als jij je aan jouw *end of the deal* houdt, dan krijg je mijn vrijheid mee en kun je het zelf doen.

'Ik vind het zo belangrijk dat je als ouder je kinderen niet de hele dag waarschuwt.'

De angst voor het fietsen van toen, ervaar ik nu ook, maar dan wanneer ze in de auto of in het vliegtuig stappen. Deze angsten gaan nooit over, want het zijn je kinderen, maar je moet je kinderen op een gegeven moment wel vrijlaten.

Ja, want dat geef je ze ook mee als je jouw angsten op hen projecteert...
Het is allemaal projectie. Bij alle stappen die volgden en die ik als ouder spannend vond, zoals bijvoorbeeld uitgaan, dacht ik: 'Ik wil graag kunnen slapen, dus dat betekent dat we een tijd afspreken en er wordt niet gedronken, omdat je nog geen 18 bent.' Ze stuurden meteen een berichtje als het wat later werd als ze met een groepje fietsten. Het ging mij er elke keer om: als jij mij die rust kan geven, dan krijg je van mij die vrijheid. Als jij die vrijheid aankan: *take it and use it. Use it all up!*

Die gedachte helpt enorm, omdat je je kinderen richtlijnen geeft in wat wel en niet kan. Als jij dronken thuiskomt, kan ik niet slapen. Dus als het doel is dat ik kan slapen en dat ik gerust ben, dan hebben we een deal. Op voorwaarde dat jij je er aan houdt. →

Jij geeft duidelijke kaders en zij mogen daarbinnen... (vul het zelf maar in)?
Precies. Grenzeloosheid is geen vrijheid.

Ik vond de uitleg van iemand, die visueel maakte wat het met je doet als je geen grenzen kent, zo mooi. Je moet jezelf voorstellen op een steiger in Frankrijk. Je ligt daar en je kijkt naar de sterren. Je kijkt naar de zwarte hemel. Je kan naar links draaien, je kan naar rechts draaien, naar beneden of naar boven. Je hebt totaal geen gevoel van waar je bent of waar je naartoe moet. Dat voelt heel onveilig, daarom zijn grenzen zo belangrijk, maar je kan ze wel liefdevol stellen.
Binnen die grenzen ligt ook je vrijheid. De vrijheid die daar ligt, voelt ook veel vrijer dan als alles vrij is. Als je tegen je kinderen zegt wat je wilt, in plaats van dat je beschrijft wat je niet wilt, dan geef je ze echte vrijheid mee. Dat doen we nu ook bij de kleinkinderen. 'Wil je je jas ophangen, alsjeblieft?' in plaats van: 'Laat je jas niet slingeren.' En een zin als: 'Neem je sleutels mee!' zeg ik vele malen liever dan: 'Vergeet je sleutels niet.'

Het zijn eigenlijk heel simpele trucjes die een heel groot effect hebben.
Ja, absoluut. En als je gefocust bent op wat je wilt in plaats van dat jouw focus ligt op wat je niet wilt, dan ben je per definitie geen zeur. Stel: je mag niet op de bank springen, dan zeg je op de plek waar het wél mag: 'Hier mag je springen!' Of je haalt de kussens van de bank en je zegt: 'Daar kun je op springen!'

Ik merk ook binnen ons gezin hoe goed dit werkt. Ondanks dat mijn kinderen ook door fases gaan en de ene fase heftiger is dan de andere fase, merk ik wel dat je zo'n andere sfeer thuis creëert als je de nadruk legt op wat wél mag in plaats van dat jij focust op wat niet mag. Ze stellen zich ook anders op, omdat je met ze meedenkt en ze niet tegenwerkt.

Je opent het letterlijk voor ze, je geeft andere mogelijkheden en anders begeef jij je in de onmogelijkheden.

Ik was heel erg geraakt door een hoofdstuk in jouw boek *Moedige moeders & dappere dochters. Een ode aan de dagelijkse sleur.* In dit hoofdstuk vertel jij hoe één opmerking van een ander ervoor heeft gezorgd dat jij je compleet anders ging gedragen. Kan je daar wat meer over vertellen?

Dat was een opmerking van mijn vader, toen ik wilde studeren en de pabo wilde doen. Hij zei toen tegen mij: 'Hoe kan jij nou gaan studeren? Je kan je eigen gang niet eens opgeruimd houden.'

Auw...

Dat was op dat moment zo'n AUW. Nu ik erdoorheen ben, zit er geen 'energie' meer op, echt helemaal niks en ook niet naar mijn vader toe. Op dat moment ging ik door die ene opmerking echt totaal anders naar dingen kijken. Ik keek naar mijn gang en beaamde dat de gang een zooitje was, toen keek ik naar mijn hele huis en dacht ik: 'O, God. Ik doe het helemaal niet goed.' Ik was altijd met de kinderen bezig én ik was altijd creatief bezig, dus er lagen altijd overal spullen. Tot die ene opmerking vond ik dat heerlijk, maar na die opmerking ging ik anders naar mezelf kijken en zag ik →

> # Mijn vader heeft ook weleens tegen mij gezegd: 'Perfectionist? Noem dan eens één ding in je leven dat perfect is.

Wat zou je willen zeggen tegen degene die dit nu leest en voor wie het heel herkenbaar is? Voor wie ook heel erg bezig is om het plaatje aan de buitenkant zo perfect mogelijk te laten zijn?
Wees je er bewust van, want we zijn ons er vaak niet eens meer bewust van. Dan gaan we gewoon die perfectionist achterna. Als je je daar niet bewust van bent, ben je aan het einde van de dag kapot en heb je een hoop plezier gemist.

ineens niet meer gewoon vieze verfhanden van mijn kinderen, maar zag ik waar ze al die vieze verfhanden achterlieten. Ik werd door die opmerkingen naar buiten getrokken, terwijl ik er daarvoor altijd middenin zat. Wanneer de kinderen tussen de middag een dutje deden, ging ik niet meer mee een dutje doen, maar maakte ik snel het huis schoon of ruimde ik op. M'n perfectionist ging er enorm van 'aan'. Mijn vader heeft ook weleens tegen mij gezegd: 'Perfectionist? Noem dan eens één ding in je leven dat perfect is.' Dus ik probeerde het nóg beter te doen en nog beter en nog beter. Opeens moesten de kinderen van de ramen afblijven als ze net gelapt waren en kwam ik in een modus waarin ik alleen maar bezig was om aan de verwachting te voldoen.

Ik vind jouw boek *Groots en meeslepend leven: een ode aan de dagelijkse sleur* de bijbel die iedereen in huis moet hebben! Aan de hand van thema's die spelen in ons leven; werk, huishouden, relaties, wellicht een gezin, boodschappen etc. deel je jouw inzichten. En die zijn mooi! Wat is voor jou groots en meeslepend leven?
Dat zit 'm in de kleine dingen en daarom heb ik het ook een ode aan de dagelijkse sleur genoemd. Het zit 'm in de dingen die je toch moet doen en juist daar kun je dan creatief en met andere ogen naar kijken.

Ja! Dat vind ik zo tof aan het boek. Van boodschappen doen tot aan het doen van de administratie tot aan koken. Je laat de lezer met andere ogen naar die dagelijkse taken kijken.

Ja, want het zit gewoon in die dagelijkse dingen. We zijn toch nog teveel gericht op: 'Als ik dit heb, dan...' of 'Als ik dat heb, dan...' of 'Als ik geld heb, dan...' Het ligt zowaar zover buiten wat we al hebben. Ik denk dat als je echt gaat kijken naar waar je al bent, wat je al doet en wat je al hebt, dat je dan gaat zien wat voor fantastische dingen daar al te vinden zijn. Als mijn creativiteit alleen zou bestaan uit tekenen en schrijven, zou ik een vrij karig bestaan leiden, want de rest van het bestaan gaat ook verder. Als ik het bed opmaak, dan wens ik Pascal weer een goede nacht en dan denk ik aan hoe we hier vanavond weer fijn gaan slapen. Als je je bed verschoont, denk dan aan hoe je lekker al die nachtmerries wegspoelt en dat je het weer fijn en fris maakt. Deze gedachtes maken dat je aanwezig bent bij wat je aan het doen bent. Het maakt dat je veel dankbaarder bent voor de dingen die je al hebt en het maakt dat je het niet langer buiten jezelf zoekt. Ga ervan uit dat alles neutraal is in ons leven. Alles is neutraal, maar hoe jij ernaar kijkt, dat maakt het positief of negatief. Het bed verschonen is neutraal, maar hoe jij daarnaar kijkt; dát maakt het positief of negatief. Dus mijn intentie is om op zoek te gaan naar het positieve in dingen die ik toch moet doen. Wat is de *upside*?

Deze gedachtes kunnen we ook weer mooi toepassen op het moederschap. Als moeder met jonge kinderen zijn er heel veel dingen die je moet doen, maar die je niet zo leuk vindt. 's Nachts eruit om je baby weer in slaap te voeden of wiegen of überhaupt de hele dag bezig zijn om je baby in slaap te krijgen, is er zo een. Het is dan zo makkelijk om in een negatieve spiraal terecht te komen, want je hebt weinig nachtrust en het is nou eenmaal zwaar. Als jij in je achterhoofd een positieve benadering hebt als: 'Kom maar bij me. Ik zal je helpen' zal dat een heel ander gevoel geven. Natuurlijk is dit een uitdaging als je er die nacht na de zoveelste keer uit moest...

Het is echt een uitdaging, maar het is ook zo'n goede oefening om dankbaarheid te voelen. Bij dat soort situaties hoef ik maar te denken aan ouders die de kinderen niet meer hebben en ik ben terug. Wij sliepen afgelopen week met de kinderen en kleinkinderen in de tent in onze tuin en het was superslecht weer. Ze sliepen uiteindelijk pas heel laat en waren de hele nacht wakker, maar ik lag in die tent en luisterde naar de regen en dacht: 'Wauw. Wij kunnen morgenochtend naar de woonboot en daar lekker koffie maken, maar dit is hoe zoveel mensen leven in tentenkampen. Voor mij is het één →

nacht in een tent, maar ik kan gewoon naar mijn eigen huis. Hoe cool is dat?' Als je bewust bent van wat je hebt, ben je zoveel meer betrokken bij de grotere wereld om je heen.

Of je denkt aan het feit dat je er überhaupt met je kleinkinderen ligt. In de tijden dat ik Pip 's nachts wiegend in slaap moest krijgen, heeft deze gedachte mij zo geholpen: 'Ik mag hier met jou lopen middenin de nacht. Er zijn zoveel moeders die nu zo graag in mijn schoenen hadden gestaan; vrouwen die niet zwanger kunnen worden of die een kind hebben verloren.' Je mag verdomme blij zijn dat je hier je kind in slaap mag wiegen om vier uur 's nachts. Die gedachte hielp mij echt.
Op dat moment kon je de situatie toch niet veranderen. Het is niet zo dat je een andere keuze had, want je kind sliep niet. Je hebt wel een keuze in hoe je deze situatie benadert. Zo heb ik dat ook met het lappen van de ramen, want die moet je bij ons continu lappen, omdat we op de woonboot overal ramen hebben en de kleinkinderen met handen en neuzen voortdurend op de ramen drukken. Ik kan ramen lappen zo'n klusje vinden waar ik tegenop zie, maar dan hoef ik alleen maar te denken aan een verhaal van een vrouw die haar ramen niet meer wilde lappen, omdat haar dochtertje van drie was overleden. Haar handafdruk stond nog op het raam en ze heeft deze ramen voor eeuwen niet willen wassen, omdat dat nog het enige fysieke was dat van haar dochtertje over was. Op een moment dat ik geen ramen wil zemen, hoef ik

alleen maar aan haar te denken en dan voel ik die dankbaarheid voor die handen op het raam. En dan voel ik nog meer dankbaarheid, omdat ze er de volgende keer gewoon weer op kunnen. Het maakt je zoveel sneller dankbaar voor wat je al hebt. En als je niet bij deze gedachtes kan, omdat je te moe bent bijvoorbeeld, kan je er nog steeds komen door te denken aan wat er níet ontbreekt. Zo is er bijvoorbeeld melk om te geven, een warme kamer waar je in staat of een lekker bed waar je straks weer in mag. Groots en meeslepend leven is dus eigenlijk niet groots worden meegesleept.

Een prachtig inzicht las ik in het hoofdstuk *Groots en Meeslepend leven met kinderen*, zoals dat de appel wél ver van de boom valt....
Ik realiseerde mij dat toen ik voor de klas stond. Je hebt dan al die verschillende kinderen voor je. Leerkrachten en ouders denken vaak: 'Als jij nou eens een appel wordt, dan ligt de wereld aan je voeten. Je kunt appelmoes worden, appelsap, appelcider, appeltaart. Dus word maar gewoon een appel.' Als je al die kinderen bij elkaar ziet, realiseer je je dat je niet alleen maar appels in je klas hebt zitten. De één is een peer en weer een ander is een druif of een banaan. Wij denken wel te weten hoe het moet, omdat wij het zo op onze manier doen. Die klas maakte het voor mij heel duidelijk; je hebt een klas vol, maar wij als leerkrachten moeten ervoor zorgen dat die banaan rijp wordt en die rare druif een rare druif mag zijn. Zo is dat ook met je eigen kinderen. Wij denken

op een bepaalde manier. Wij denken: 'Het zal wel zo zijn dat...' Maar je kan een appelboom zijn en vervolgens peren laten vallen, mandarijnen laten vallen, mango's of zelfs wilde perziken.

En als je zelf een appel bent, maar jouw kind is een perzik en maakt daarom andere keuzes, dan gaan we weer terug naar: 'Wat zou Liefde doen?'
Ja, wat zou Liefde doen? Op Liefde groeit alles, het gaat erom dat jij je bewust bent van het feit dat onze kinderen niet altijd op ons lijken. In sommige gevallen wel, maar het zijn hele eigen individuen. Als volwassenen denken we vaak: 'Doe nou dit en dat. En als je zus en zo doet, word je een sappige appel.' Maar een peer snapt daar niks van. Als je dan continu zegt: 'Doe nou dit, dan word je een sappige appel', maar

hij moet een sappige peer worden, dan moet hij jouw advies juist niet opvolgen.

Zo belemmer je de ontwikkeling...
Ja! En het is nogal arrogant om te denken dat een appel de beste fruitsoort is. Dus als je er bewust van bent dat jij het op die manier doet, wil het niet zeggen dat een ander dat ook op die manier moet doen.

Ik denk dat het onze taak is om onszelf op te voeden. Ik voed letterlijk mijn zevenjarige zelf opnieuw op, het is mijn jongere zelf waar al die overtuigingen in terecht zijn gekomen. Met haar ga ik ook gewoon het gesprek aan alsof het mijn eigen kinderen zijn, omdat zij al die dingen voor 'waar' aan heeft genomen. Ik moet met haar gaan zitten en tegen haar zeggen: 'Oh, schat. Ik snap dat je dat denkt, maar dat denk je nu, omdat papa toen heel boos werd, weet je nog?' Stel je jongere zelf gerust, zoals je je kinderen geruststelt.

Als ik nu nog last zou hebben van die opmerkingen, en dat heb ik dus heel lang gehad, dan blijft dat nu nog steeds een aantrekking hebben. Wat ik denk, kan ik alleen maar nu denken. Je kan het alleen maar nu voelen, maar het ligt jaren terug, dus alles wat ik nu voel, heeft effect op wat er in de toekomst gebeurt. Als ik nog steeds last zou hebben van wat er toen speelde, dan neem ik het mee in het nu en dan blijf ik dat nu aantrekken. Wees je daar bewust van, want alles waar we in blijven hangen, heeft invloed op ons gevoel en dus ook op het gevoel van onze kinderen. ∎

Mindful

Het gedrag van ons kind hangt vaak samen met ons gedrag. Als wij gestrest zijn, reageren we gestrest op ons kind en dat komt de sfeer niet ten goede. Sterker nog; het maakt dingen alleen maar erger. Waarom doen kinderen vaak 'lastig' op een moment dat het ons niet uitkomt? Omdat we juist dan de ruimte in ons hoofd niet voor ze hebben. Zij komen dus niet zozeer lastig doen, maar wij zijn op dat moment minder goed in staat om *mindful* op onze kinderen te reageren en dat werkt dan weer als een rode lap op een stier.

Ik wil *mindful* met mijn kinderen door de dag gaan, niet omdat ik ze met zijden handschoentjes wil behandelen, maar omdat ík er zelf voornamelijk last van heb, als ik maar voor tien procent aanwezig ben. Het voelt niet goed naar mijn kinderen toe, maar ook niet naar hetgeen waar ik voor de andere tachtig procent mee bezig ben. Het brengt onrust in mijn hoofd.

Kinderen vragen zoveel aan én van je dat je vaak reageert, zoals je je op dat moment voelt. Er zijn zo weinig stiltes dat je vaak direct reageert vanuit de emotie waar je op dat moment in zit. Ook al heb je je 'maar' twee uur gestrest gevoeld op een hele dag, dan zijn het wel twee uren geweest met ontelbaar veel contactmomenten met je mini('s).

Ik ervaar het als een constante *struggle* om, met alle prikkels die er om ons heen zijn, continu emotioneel beschikbaar te zijn. Helemaal als je, net als ik, veel dagdroomt, is het een uitdaging om naar ieders tevredenheid emotioneel beschikbaar te zijn. Ondanks dat het er ook bij hoort dat kinderen even moeten wachten en ze moeten leren dat er niet altijd meteen geluisterd of gekeken kan worden, wil ik die boodschap wel overbrengen vanuit rust en niet vanuit mijn dromerige, gestreste of haastige 'ik'.

Je hebt niet in de hand hoe een dag loopt. Wel heb je altijd een keus in de manier waarop je op je kind reageert, als jij je er maar bewust van bent dát je die keus hebt. In die zin heb je dus indirect wél in de hand hoe het verloop van de dag is. Je hebt in ieder geval invloed op hoe de stemming van die dag is. Op het moment van schrijven liet Pip een uur geleden een glas drinken van een bijzettafel vallen, toen ze haar trui uittrok. Willem zijn eerste reactie was al oogrollend zuchten en hij slikte nog net zijn 'Pihiiiip' in, toen ik het overnam met: 'Oh, geeft niet Pip. Kan gebeuren.' Ik pakte een doekje en maakte de boel schoon, terwijl ik de opmerking maakte: 'Zo, nu is het tafeltje tenminste ook meteen gepoetst :-).' Ik was trots op mezelf, want waar ik vaak genoeg de houding van Willem aannam, omdat míj dat ongelukje niet uitkwam en juist Willem meestal de rust zelve is, was ik het dit keer die de situatie *mindful* kon sturen. Deze reactie werkt nog lang door, want door uit de irritatiezone te blijven, kan je situaties veel beter handelen. Zit je er eenmaal in, omdat je geïrriteerd bent door het omvallen van het glas, is het moeilijk om rustig te blijven als er een halfuur later wordt tegengestribbeld bij het naar bed gaan. Onze energie is niet oneindig, wees er zuinig op. Negatieve energie kost heel veel energie, dus laat het niet vloeien naar situaties die niet de moeite waard zijn.

P.S. Weet je wie hier echt de credits mag pakken voor mijn reactie? Dat is Marjolein van @lievemoeders.nl. Via Instagram kwam ik uit bij haar '30 dagen

mindful met je kind'. Dit is een programma waarbij je iedere dag, dertig dagen lang, een e-mail krijgt met daarin een korte boodschap in video-, tekst- of audiovorm. Deze boodschap bevat een tip of oefening die je dezelfde dag nog kunt toepassen. Je ontdekt onder andere hoe je de tijd samen nog waardevoller kan maken, hoe je er met aandacht kan zijn en hoe je je korte lontje kan ombuigen naar meer geduld. Hoe kort die boodschap, tip of oefening ook is; je hebt er de héle dag plezier van. Nog steeds geniet ik iedere dag van alle tips en inzichten die Marjolein heeft gegeven, een concreet voorbeeld heb je zojuist kunnen lezen.

Ik werd zo geïnspireerd door Marjolein dat ik haar heb uitgenodigd voor een gesprek. Sla de bladzijde maar om. →

MARJOLEIN MENNES

- Moeder van Lucas (7) en Ime (3)
-Coach voor moeders van jonge kinderen en zij maakte het (online) programma
In 30 dagen mindful met je kind.
- Wekelijks heeft zij een 'lieve moeder podcast'.
Ⓘ lievemoeders.nl | www.lievemoeders.nl

Wat houdt de online training *In 30 dagen mindful met je kind* precies in?
Je leert te ontdekken hoe jij reageert op je kind. Je ontdekt wat er in je eigen 'binnenwereld' in relatie tot je kind gebeurt.

Verklaar je bijvoorbeeld waarom je op een bepaalde manier op je kind reageert?
Ja, ik heb wel wat opvoedboeken verslonden en deze gaan heel vaak over het kind. Ze vertellen wat je moet doen met het gedrag van je kind, terwijl het allesbepalend is hoe jij het gedrag van je kind interpreteert en hoe jij je erover voelt. Toen ik dit eenmaal doorkreeg, kon ik die opvoedboeken wel in één keer bij het grofvuil zetten. Het gaat over mij, het is een ontdekkingstocht 'Wie ben ik'? Wat voel ik?' Zo kwamen deze gedachtes tot stand en ik ben ze gaan delen.

Als je gestrest of geprikkeld bent, dan is je lontje vaak wat korter. Juist op zo'n moment vraagt je kind vaak iets aan je: 'Mag ik yoghurt? Mag ik kleuren? Mag ik naar de speeltuin?' Soms reageer je geïrriteerd, terwijl je kind een heel normale vraag stelt. Je reactie kan dan zijn: 'Nu even niet, wacht even!' Laatst realiseerde ik me dat mijn reactie helemaal niks met mijn dochter te maken had. Mijn reactie had alles te maken met mij en met mijn gevoel op dat moment. Hoe kun je ervoor zorgen dat je niet vanuit je emotie reageert op je kind?
Wat gebeurde er met jou, toen jij je dat realiseerde?

Ik realiseerde me dat het niet fijn is en dat ik reageer vanuit een emotie waar ik op dat moment in zit en dat het niks te maken heeft met die vraag van mijn dochter.
Hoe ging je daarna om met je dochter?

Toen ik me daarvan bewust was, dacht ik even na en zei ik: 'Tuurlijk schat, dat is prima.' Ik gaf antwoord vanuit een heel ander gevoel.
Dat is wat het bewustzijn doet; je hoort jezelf. →

Ik hoorde mezelf iets zeggen waarvan ik dacht: 'Waarom zeg ik dat nu op deze manier?'
Dat is de truc, om dat te oefenen! Het liefst zijn we dat moment altijd voor. Eigenlijk wil je weten op welke knop je moet drukken vóórdat je snauwt, zodat je het juist liefdevol kunt zeggen. Je zal merken; hoe vaker je dit bij jezelf opmerkt, ook al is het later dan je zou willen, hoe vaker het wel voor bent. Misschien voel je 's ochtends al: er hoeft vandaag maar één ding te gebeuren... Er hoeft maar één bakje yoghurt om te vallen en ik zit al tegen het plafond. Als je dat bij jezelf opmerkt, helpt het al als je daar mild en liefdevol voor bent. Als je wel vanuit die eerste emotie hebt gereageerd, vind je het altijd fout of onaardig van jezelf, of je voelt je een slechte moeder. We proberen voor te zijn dat je er niet nog een extra laag bovenop gooit, waardoor je denkt: 'Ik moet nu mijn best doen om aardig te zijn.' Nee, we proberen te bereiken dat je dat dan accepteert en je bewust wordt dat je je geprikkeld en gehaast voelt en dat het oké is. 'Ik hoef niet te veranderen, het is goed zoals ik me nu voel.' Als je die gedachte kunt hebben, merk je dat je dus al niet zo fel gaat reageren.

Ik vond het heel waardevol dat je zei: 'Laat even een tel rust vallen, als jij je zo voelt en er een vraag komt. Zeg dan tegen jezelf: ik reageer vanuit liefde.'
Dat is een truc.

'*Je kan reageren vanuit liefde of je reageert vanuit angst*'

Naaah, dat is een truc! Dat moet iedereen gaan uitproberen, want dat werkt als een trein! Je moet af en toe accepteren dat je je voelt zoals je je voelt, om welke reden dan ook. Je hoeft dat niet af te reageren op je omgeving.
Je moet je realiseren dat je steeds twee keuzes hebt: je kan reageren vanuit liefde of je reageert vanuit angst. Als je bewust kiest voor liefde of vertrouwen, dan gebeurt er iets met je energie. Je wordt je er overigens ook bewust van hoe vaak je uit angst reageert. Angst is natuurlijk een groot woord, maar als je geïrriteerd bent en je pelt die emotie helemaal af, dan zal je zien dat er ergens een angst onder zit. Als we ons opgejaagd voelen, zijn we vaak bang dat we tekortschieten. Als je merkt dat je daar elk moment een keuze in hebt, dan creëer je heel veel vrijheid voor jezelf. Je hoeft je dan niet ineens vrolijk te voelen op een rotdag, maar vanuit daar kun je wel liefdevol naar jezelf blijven. Dan kun je nog steeds 'Nee', of 'Dat vind ik niet tof' of 'Stop daarmee' zeggen, maar je zegt het dan wel vanuit een heel ander gevoel. Dat klinkt natuurlijk heel simpel...

Oh, maar zo simpel vond ik het in de praktijk echt werken!
Heel veel moeders vinden dat toch wel lastig.

Ik moest voor twee dagen naar Amsterdam. Toen ik thuis vertrok, moest ik de trein halen én ik moest nog een aantal spullen pakken. Er waren best veel stressfactoren. Pip stelde me toen een vraag. Ik had - omdat ik zo gehaast was - kunnen roepen: 'Even niet nu!' Maar ik zei tegen mezelf: 'Ik reageer vanuit liefde'. Daarna kon ik heel makkelijk zeggen: 'Wacht even lieverd, ik ben hier heel even mee bezig, ik kijk zo naar je'.
Je krijgt de 'lieve moeder trofee'!

Je krijgt hier echt lieve moeders van. We zijn allemaal lieve moeders, maar ik bedoel eigenlijk dat je anders gaat reageren op je kinderen.
Je realiseert je dat je veel meer liefde in je hebt dan je dacht.

Ja! Dat is heel waardevol als je met je kinderen in de ochtend- of de avondspits zit. Welk advies zou jij willen geven aan moeders die de controle moeilijk kunnen loslaten?
We hadden het net over de angst- en liefdeskeuze. Controle is angst. Realiseer je dat en observeer eens een paar dagen wanneer je vanuit angst reageert. In het begin schrik je je te pletter. Het is ook vaak mijn primaire reactie als er veel op me afkomt. Dan schiet ik in de modus van: controle! Als je je dat realiseert: 'Het is angst, ik ben bang', dan valt er echt een zwaarte weg. Dan kan je weer opnieuw kiezen. Als je kinderen hebt, kun je je ook over zoveel zaken zorgen maken, ook over dingen waar je het liefst controle over zou willen, maar waarbij dat niet kan. Leer jezelf ook bij de grote dingen zeggen: 'Ik kies voor liefde.' Je hoeft alleen maar voor angst te kiezen als je bij een kruispunt bent of als je kind op een schuurtje klimt van drie meter hoog. Bij directe gevaren kies je altijd voor angst.

Hoe kun je de controle loslaten als je zoveel ballen moet hooghouden? Je kind moet naar voetbal, je moet het eten klaarmaken, je krijgt vandaag een vriendin over de vloer, dus je wilt het huis opgeruimd hebben. Alles moet goed gaan. Je kunt natuurlijk zeggen: 'Dan ruim je je huis niet op', maar dat gevoel zit er heel vaak in bij moeders: ik wil alles goed doen.
Je geeft eigenlijk zelf het antwoord: dan wil je het goed doen. Wat wil je goed doen? Wat vind je er fijn aan als je huis opgeruimd is? Eigenlijk móet het van jezelf. Wat als die andere persoon binnenkomt en het wel een bende is? Wat dan...?

Stel jezelf de vraag: wat gebeurt er als het niet zo is?
Ja, vaak is het angst: wat denkt de ander en hoe ziet de ander mij dan? Als je het afpelt, gaat het altijd om de angst dat je niet genoeg bent. Ga oefenen; leer jezelf gerust te stellen. In elke cel van je lichaam mag je ervaren: ik ben genoeg, als vrouw, als moeder, als mens. Het lijkt vaak een heel onschuldige situatie: we moeten nog naar voetbal, het eten moet op tijd klaar. Je hebt het dan allemaal over oppervlakte, maar daaronder schuilt de echte behoefte. →

Het is inderdaad altijd een angst die eronder zit. Dat is interessant om te onderzoeken: waar ben je bang voor en hoe erg is dat?

Ja, dan kan je nog de gedachte hebben: wat maakt het uit? Ervaar echt: het maakt niet uit wat ik doe, wat er gebeurt, hoe ik me voel. Ik ben een goede moeder, ik ben een lieve moeder, het is überhaupt een wonder dat ik besta. Als je af en toe uit dat liefdesvaatje - dat oneindig is - kan tappen, dan voel je het niet eens meer. Dan ruim je alsnog je huis op, maar met een heel andere energie.

In een podcast waarin je spreekt over schuldgevoel, leg je uit wat schuldgevoel ons wil vertellen. Als ouder kampen we regelmatig met schuldgevoel over van alles en nog wat. Wat wil het ons vertellen?

Allereerst; schuldgevoel stopt onze liefdesstroom. Als je je schuldig voelt, omdat je je kindje uit logeren stuurt, ga dan eerst na: kan ik iets met dit schuldgevoel? Soms is het makkelijk om in dat gevoel te blijven hangen. Vind je het zo vervelend dat je ernaar wilt kijken en wil je ontdekken of je dit ook anders kan organiseren? Als dat antwoord is: 'Nee, want het kan niet anders, het is zoals het is' dan vraagt het ook om overgave. Dan neem je als het ware verantwoordelijkheid voor de situatie. Schuldgevoel geeft je een machteloos gevoel: ik heb hier geen invloed op, maar overgave is ook kiezen voor liefde.

Wat ik ook echt kiezen voor liefde vind: kiezen voor jezelf. Ik heb persoonlijk echt nog een eigen leven naast mijn gezinsleven, ik doe veel dingen waar ik ook blij van word. Ik hoor vaak: 'Zo tof om te zien dat je dat nog allemaal doet, maar ik voel me altijd zo schuldig als ik dat ga doen.' Ik benader dat heel anders. Ik kijk juist heel erg naar wat je jezelf en een ander kunt geven. Ik geef mijn kinderen een waanzinnig weekend bij opa en oma, want opa en oma zijn blij dat ze er zijn en mijn kinderen vinden het daar fantastisch. Als ik mijzelf iets geef, heb ik dat hele weekend zo voor mezelf kunnen kiezen dat ik die hele week erna dertig keer op K3 kan dansen, want ik heb dat hele weekend niet op K3 staan dansen. Ik gun het andere vrouwen ook: kies juist voor jezelf. Je kan heel veel geven als je jezelf ook energie geeft. Die energie kun je dan weer opnieuw aan je kinderen geven. Ik denk dat mensen dat concept wel begrijpen, maar ze doen het niet, omdat de angst om tekort te schieten zo'n akelig gevoel is dat mensen dat gevoel liever uit de weg gaan en dan maar niet goed voor zichzelf zorgen.

Als je vijf dagen lang eenzelfde puzzel maakt, dan maak je die puzzel op de zesde dag niet net zo enthousiast. Als je die puzzel twee dagen niet maakt en je met iets totaal anders bezighoudt, doe je het erna weer vol overgave. Toch hebben veel mensen daar een schuldgevoel over.
Dat is iets ouds van mensen, dat is iets wat veel eerder is ontstaan. Dat is niet pas gekomen op het moment dat je moeder wordt. Dit gevoel ontwikkelde je al als kind, heel veel varianten daarvan dragen we met ons mee en deze komen tot uiting bij je kinderen. Als je dat veel minder hebt en als je een veilig en goed basisvertrouwen hebt in het leven, in jezelf, dan is dat veel minder een issue. Dan snap je het concept niet alleen, maar dan voel je het ook.

Ik zie aan mijn eigen moeder dat zij zich altijd heeft weggecijferd. Ze zei nooit 'nee'. Sinds mijn moeder meer voor zichzelf is gaan kiezen, dingen voor zichzelf is gaan doen, ben ik haar gaan zien als een *powerhouse.*
Je zei net dat jouw kinderen heel graag naar opa en oma gaan. Stel dat ze iets moeten doen wat ze niet zo leuk vinden en het afscheid is moeilijk, dan kan er een bepaald gevoel ontstaan. 'Wat doe ik en is dat echt wel zo belangrijk?' Dan kan je jezelf geruststellen met het besef dat ongemak of verdriet een kind misschien wel even een akelig gevoel geeft, maar realiseer je dan dat je een kind daar niet mee schaadt. Als je weet: ze zijn in liefdevolle handen, geef ze dan het vertrouwen dat dat zo is, je draagt dat dan ook uit naar je kinderen. Het ongemak van een ander leren verdragen, begint ook heel erg bij je eigen pijn, ongemak en verdriet leren verdragen. Hoe meer je dat kan, hoe meer je dat ook kan bij je kind. Ik ben nu zeven jaar moeder. In het begin, toen mijn zoontje huilde, vond ik dat echt verschrikkelijk. Hij moest echt meteen naar die borst. Gaandeweg dacht ik: 'Dit gaat helemaal niet over zijn verdriet, dit gaat over mezelf. Ik voel dat in mezelf en daar moest ik mee aan de slag.' Mijn eigen pijn en verdriet kan ik nu wat meer verdragen. Ik weet in ieder geval hoe ik ermee om kan gaan. Je bent er pas als je echt emotioneel aanwezig bent, anders ben je slechts een verschijning.

Het gaat niet om de momenten dat je er niet bent, het gaat om de momenten dat je er wel bent. Als je daar volledig emotioneel beschikbaar kan zijn, dan is dat van veel meer waarde.
Liever elke dag twee minuten volle aandacht, dan dag in dag uit alleen maar fysiek aanwezig zijn en eigenlijk denken: 'Ik wil ergens anders zijn of ik heb rust nodig.'

Ik denk dat je pas geconfronteerd wordt met jouw hoeveelheid geduld, als je moeder wordt. Wat is de geduldtruc?
Dacht jij dat je geduldiger of juist minder geduldig zou zijn? →

Ik dacht dat ik veel geduldiger zou zijn, maar ik merk nu ook dat het alles te maken heeft met of ik emotioneel aanwezig ben of niet.

Dan snap je dat ongeduld niet gaat over of je een geduldige of ongeduldige moeder bent, ik denk ook niet dat we het onszelf aan moeten doen om er zo'n label op te willen plakken. Je doet ongeduldig als je van jezelf heel veel moet en je moet heel veel dingen van jezelf, omdat je anders bang bent dat... vul maar in. Dat is het. Dus als je je er vrijer van maakt en meer kiest voor liefde, dan betekent dat misschien meer zorgen voor jezelf. Iedereen die zichzelf nu bestempelt als 'ongeduldige moeder' denkt misschien: 'Ik moet leren tot tien tellen.' Maar dat moet je juist niet doen. Je moet gewoon wat leuks gaan doen, jezelf opladen, dat kan ook met je kinderen. Je kunt jezelf ook opladen door liefdevolle gedachten over jezelf te hebben. Als je nu heel kritisch op jezelf bent, of heel perfectionistisch, dan leg je jezelf zoveel druk en angst op. Je denkt dan: 'Ik ben een ongeduldige moeder', maar eigenlijk ben je een bange moeder. Dat zeggen we niet zo snel, want dat is heel kwetsbaar, maar daar gaat het in de kern eigenlijk wel over.

Wat kun je eraan doen, als je dit herkent bij jezelf?

Je kan natuurlijk de relatie met jezelf laten groeien en je kunt daar aandacht aan besteden. Als je voelt wat je voelt, dan sta je al met één nul voor. Alleen dat is een fase die een beetje akelig kan voelen, omdat je er de hele tijd bewust van bent. Je kunt ook kijken naar hoe je dan net iets liefdevoller voor jezelf kunt zijn van moment tot moment. Natuurlijk helpt het ook als je je eigen geschiedenis kent en begrijpt. Iedereen kan denken: hoe kan ik net iets liefdevoller voor mezelf zijn? Het gaat om die kleine dingen.

Afgelopen week dacht ik: 'Ik heb zo'n behoefte aan even iets voor mezelf doen', terwijl ik wist dat ik nog huishoudelijke dingen moest doen, maar ik koos ervoor om in een hoekje van de bank te zitten en eindelijk dat boek te lezen. Op die manier was ik wat zachter voor mezelf; je kunt je zo vaak laten meeslepen door alles wat moet. Dat is ook bewustwording.

Bewustwording van dat kritische stemmetje dat je vertelt wat er nog allemaal moet gebeuren, is belangrijk. Met dat stemmetje mag je je minder gaan identificeren. Weet: dat is eigenlijk een angstgedachte...

... die je jezelf oplegt?

Ja, dat heeft natuurlijk wel zijn oorsprong. Ik denk niet dat wij geboren zijn met een kritische stem in ons hoofd. Het stemmetje zit er soms zo ingebakken dat het zo lastig is om daar los van te komen. Elk moment heb je een keuze.

Eigenlijk is de boodschap: hou je tank gevuld, zodat je de aandacht die van jou wordt gevraagd uit die tank kan halen.

Zeker, beantwoord voor jezelf dan ook de vraag: tot hoe ver ben je nu gevuld? Nul is leeg, tien is volledig gevuld. Er komt toch wel meteen een getal in je op. Voel het wel, maar hang er geen oordeel aan. Als dat nu een vier is, wat kan je nu doen om er een vijf van te maken? Heb het erover met je partner en met andere mensen. Anderen hebben vaak niet de blinde vlekken die we zelf hebben. Als je met anderen je gedachtes deelt, neem je verantwoordelijkheid voor jezelf.

En voor je hele gezin, want iedereen vaart er beter op als jij lekker in je vel zit.
Er is maar een ding belangrijk en dat is dat je je goed voelt.

Als je het gevoel niet deelt met je partner is het een eenzame wedstrijd.
Absoluut, zeker de eerste jaren met kinderen zijn ook intensief. Dan denk je: 'Jeetje, mijn eigen verlangens? Ik ben al blij dat ik de dag doorkom!' Als dat gaat schuren, is het belangrijk dat je het wel uit. Dat stemmetje dat zegt: 'Dat kan toch niet? Er is helemaal geen tijd!' heeft dat al zo snel getackeld dat je jezelf niet eens de kans hebt gegeven om je uit te spreken. Ook verlangens als: 'Ik zou wel meer willen slapen', moet je blijven uitspreken, want misschien is er wel hulp.

'Er is maar een ding belangrijk en dat is dat je je goed voelt'

Mijn man zei een paar weken geleden: 'Schat, ik heb weer adrenaline nodig.'
Ik vroeg wat hij daarmee bedoelde. **'Vroeger deed ik altijd wel iets wat me adrenaline gaf, bijvoorbeeld bungeejumpen.' Hij zei dat hij daar behoefte aan had, toen kon ik met hem meedenken, hij heeft voor zijn verjaardag zijn motorrijbewijs gekregen. Als hij dat niet had uitgesproken, had dat ook niet opgelost kunnen worden. Ik had dan niet mee kunnen denken en hij had het dan voor zichzelf gehouden.**
Alleen al het uitspreken heeft veel meer effect dan we vaak denken. Met het uitspreken van gevoelens erken je ze ook. Je stuurt als het ware een energie de lucht in. We denken vaak: 'Als er geen oplossing is, hoef ik er ook niet over te beginnen.' Dat is niet waar.

Juist als je het uitspreekt, dan kijk je naar de mogelijkheden voor die oplossing.
Zo kan een vier een vijf worden of een vijf een zes.

We kampen allemaal weleens met het idee dat dingen zo 'moeten gaan' of dat 'het zo hoort'. Hoe kunnen we nu afstand nemen van die belemmerde ideeën?
Ik denk dat onze kinderen ons daarbij helpen. Als ik 'nee' tegen iets zeg en het klopt niet helemaal, dan krijg ik protest, weerstand of gedoe. De eerstvolgende keer dat je grenzen aangeeft en je krijgt weerstand van je kind, ga dan eens na waarom je →

die 'nee' of die 'ja' zegt. Onze eigen opvoeding heeft voor 95% invloed op wat we de hele dag zeggen, doen en beslissen. Vind ik dit nu echt een probleem of is dit gebaseerd op angst? Ben ik bang, dat mijn kind later een ongeleid projectiel wordt, dat totaal buiten de maatschappij valt? Je moet dit altijd tot in het extreme trekken, want dan voel je pas hoe absurd dat soms is. Voel bij jezelf heel goed die grens. Het is heel interessant om ook met je partner na te gaan: waar liggen dan mijn grenzen?

> ## 'Dankjewel zeggen voelt soms heel kwetsbaar'

Wat vind ik echt wezenlijk belangrijk? Als jij vindt dat iets zo hoort, ga dan ook na: zijn er grote groepen mensen in de wereld die dit niet doen en ook een goed leven hebben?

In een van jouw video's noemde je ook dat we bepaalde reacties bij onze kinderen afdwingen. Dat herken ik ook wel. Van 'dankjewel' en 'sorry' zeggen tot een knuffel geven aan bekenden. Soms kan dat ook tot vervelende en ongemakkelijke situaties leiden. Enerzijds wil je je kind opvoeden met normen en waarden die je echt belangrijk vindt, maar kunnen we dat al van ze verwachten als ze zo jong zijn?
Daar heb je ook weer de angst- en liefdeskeus. Ga ik het ze opleggen uit angst, omdat ze anders niet dankbaar zullen zijn voor de dingen

die ze krijgen in het leven? Of kies ik voor liefde en blijf ik het goede voorbeeld geven en zeg ik zelf altijd 'dankjewel' als ik dankbaar ben? Dat kun je ook meteen testen: zeg je ook 'dankjewel' als je niet dankbaar bent? Interessant om bij jezelf na te gaan. Als je merkt dat je kind dat nooit zegt en dat vind je jammer, push dan niet je kind, maar ga bij jezelf na: hoe kan ik nog meer dankbaarheid voelen in mijn eigen leven? Hoe kan ik dat nog meer voelen en ervaren en me daarin uiten? Er is geen kind dat dat niet overneemt. Daar geloof ik heel erg in: het voorleven, dan komt het goed.

Ik vind dit weer een mooi inzicht: als ik het voorbeeld geef, dan worden ze geen asociale kinderen, want jij bent zelf geen asociale vrouw of man.
De kans dat je kind ontspoort, terwijl je zelf een fijn leven hebt, is echt heel

klein! Daar hoef je niet bang voor te zijn. Als je een bepaald gedrag opmerkt bij je kind, ga het dan eens bij jezelf na. Hoe vaak gebeurt het niet dat iemand jou een compliment geeft over iets wat je aanhebt en jij zegt: 'Oh ja, maar ik heb het al heel lang'? 'Dankjewel' zeggen voelt soms heel kwetsbaar. Je bent heel open als je 'dankjewel' zegt en verder niks.

Wij zitten sinds een tijdje middenin de 'oudervoorkeur'. De oudervoorkeur van Pip, dat ben ik niet. Dat is duidelijk haar vader. Ik ben er aan de ene kant hartstikke oké mee, want ik ben ook hartstikke dol op haar vader, dus ik kan het ook met die ogen bekijken. Ik vind het zo zoet dat papa haar alles is, maar ik kan ook niet ontkennen dat ik af en toe denk: 'Ik wil je ook heel graag naar bed brengen.' Hoe kunnen we daar nu mee omgaan?
Het is sowieso herkenbaar, dat speelt in ons gezin ook. Bij ons gaat het een beetje in fases. Sowieso is het interessant wat je voelt als je kind een ander wil. Dan heb je het gewoon over afwijzing. Hoe is dat voor je en welke gedachten gaan er dan in je om en kloppen die gedachten? Zijn dat liefdevolle gedachten of zijn dat angstgedachten? Misschien ben ik inderdaad wel een beetje veel weggeweest de laatste tijd. Misschien ligt de voorkeur bij hem, omdat hij toch vaker 'ja' zegt en ik 'nee'? Misschien ben ik toch te streng? Het is niet erg om je eigen gedrag te evalueren. Het wordt pas een probleem als je het persoonlijk neemt. Bij ons mogen onze kinderen elke avond kiezen wie ze naar bed brengt. Gister moest mijn man boodschappen doen, dus was het niet handig dat ze voor hem zouden kiezen. Er was even wat weerstand, maar uiteindelijk liggen we ook gewoon met zijn allen in het grote bed en lezen we boekjes. Ook al hebben ze verdriet, dan ben je er voor ze. 'Oh, heb je verdriet? Ja, je had papa gewild, hè? Die kan even niet. Je bent er helemaal boos van, je wilt mama nu even helemaal niet.'

Mooi dat je dat zegt: je benoemt en erkent wel de emotie, in plaats van dat je zegt: 'Het zou ook leuk voor mama zijn als je...' Het versterkt ook je band als je benoemt: 'Je had echt graag gewild dat papa je had voorgelezen, hè?'
Het is zo fijn als je tegen iemand kunt duwen en dat die ander dan blijft staan. Dat is goud waard. Op dat moment kun je je wel realiseren: ik neem het persoonlijk. Dit gaat over mij en niet over mijn kind. Dan is 'ie al los. Ga niet ook nog eens je best doen om een leuke moeder te zijn. Dan ga je het overschreeuwen, omdat je eigenlijk niet gelooft dat je oké bent. Dan ga je later weer je geduld verliezen, omdat je zo je best hebt gedaan en ze nog niet tevreden zijn.
$\rightarrow$

Sowieso werkt het benoemen van de emotie zo goed. Als je gewoon benoemt: 'Je bent nu echt verdrietig.'
Ze zijn dan wel verdrietig en boos, maar ze bewegen wel mee. Stel je eens voor dat jij op je werk ergens heel erg boos over bent, omdat je je niet gezien hebt gevoeld. Je baas zegt dan tegen je: 'Je bent er echt ontzettend kwaad over, hè? Je bent het er echt niet mee eens!' Dan gebeurt er echt wat met je. Dan ben je toch meer geneigd om te doen wat hij gevraagd heeft, want je voelt je gezien. Dat is een basisding van mensen, dat willen we. Dan kunnen we net wat meer ontspannen.

Zij hebben nu eenmaal geen zorgen over de hypotheek of over de gevulde koelkast of over ergens op tijd komen, want dat zijn onze dingen. De problemen die zij hebben zijn niet minder erg, omdat ze in onze ogen nergens over gaan. Dat inzicht helpt ook om zo'n drama liefdevol te begeleiden.
Dan neem je dat gevoel serieus. Het is hetzelfde als dat jij je druk maakt over het halen van de trein, dat vindt je kind echt onbegrijpelijk. Daarnaast denk ik ook dat heel veel gedrag oppervlakte is van behoeftes die daaronder liggen. Als je merkt dat je kind een drama maakt van een verkeerd jasje en daar helemaal van over zijn toeren gaat, dan kan je echt op tien vingers natellen dat dat niet over dat jasje gaat, maar over opgebouwde spanning in de afgelopen tijd. Misschien zijn ze iets aan het leren wat wij eigenlijk helemaal niet kunnen zien. Het helpt ook als je beseft: wat fijn dat

het er nu allemaal uitkomt, want alles wat er inslaat, is veel schadelijker dan wat er uitkomt. Ik hoor liever heel veel lawaai dan stilte, dan moet je je echt zorgen maken.

Tot slot. Jij spreekt heel veel moeders online en als coach. Wat is nu een veel voorkomende *struggle*?
Ik denk dat het meest genoemde woord 'rust' is. Het gaat vaak over het gebrek daaraan en alle varianten daarvan. Er zijn heel veel moeders die snakken naar wat meer rust van binnen, of aan de buitenkant in het doen en laten. Rust staat met stip op één. De oplossing? Alles wat we zonet hebben besproken. Het begint altijd bij jezelf. Dus als je rust nodig hebt, kijk dan niet naar hoe je kinderen rustiger kan krijgen of kijk niet hoe je meer rustmomenten in je leven kunt bouwen. Kijk naar wat de onrust in je hoofd veroorzaakt. Welke gedachten zorgen nu voor onrust? Als je daar meer inzicht krijgt, snap je ook waarom je die momenten niet neemt. Dan snap je ook waarom je bepaald gedrag van je kinderen vervelend vindt. Dan snap je ook waarom het is, zoals het is.

Kijk dus naar jezelf: probeer het gedrag van je kinderen niet te veranderen, maar kijk naar wat jij binnen dat drukke gezinsleven nodig hebt om rust te vinden?
Daarmee maak je jezelf vrijer en je maakt je kind vrijer. Dat scheelt heel veel therapiekosten op latere leeftijd, haha. Ik zeg altijd: 'Ik maak toch een potje voor later voor jullie, want je weet maar nooit.' ■

Ik ga op reis en neem mee

♡

Onze eerste verre reis was naar Bali, Pip was toen 1 jaar en 9 maanden oud. Deze vliegreis is ons 100% meegevallen en hier is geen procent van gelogen. Mijn tips geven natuurlijk geen garantie, maar ze hebben er bij ons voor gezorgd dat wij na 16,5 uur vliegen uitgeruster uit het vliegtuig kwamen dan na één nacht in ons eigen bed. Doe er dus je voordeel mee.

Wanneer je naar een verre bestemming reist met een baby of met kleine kinderen, zit het grootste avontuur hem misschien wel in de vliegreis. Samen met je mini zit je met heel veel mensen in een relatief kleine ruimte voor een erg lange tijd. Misschien staat bij de gedachte alleen al het zweet in je bilnaad, maar je kan het ook anders bekijken. Voor je kind is er niets fijner dan zijn of haar ouders urenlang tot de beschikking te hebben, om de volledige aandacht te krijgen en om eigenlijk alleen maar te kunnen doen wat leuk is. Eten, snoepen, kleuren, een rondje door het vliegtuig lopen en de hele dag met je knuffel op schoot of je speen in de mond zitten en filmpjes kijken. Laten we eerlijk zijn, als we door verschillende tijdzones vliegen, is het altijd wel ergens scherm- en/of speentijd, *right?*

Tip 1: Boek een nachtvlucht

Meteen na het boeken van de nachtvlucht had ik al spijt, want direct bekroop mij de gedachte: 'Wat als ze níet slaapt?'. Maar *Thank God* voor deze geweldige beslissing! Doordat we rond 20.30 uur de lucht in gingen, bleef Pip redelijk in haar vertrouwde ritme. Om 21.30 uur had ik een slapende dreumes op schoot die vervolgens tot 04.00 uur sliep en na een half uurtje spelen weer tot 07.30 uur sliep.

* Voor ons werkte dit als een dijk, maar als Pip jonger of ouder was geweest, had het zomaar anders uit kunnen pakken. Negen maanden later gingen we weer naar Indonesië en nu vlogen we met een maatschappij die alleen overdag vloog. Ook deze keer ging het prima, want op deze leeftijd was haar aandachtsspanne lang genoeg en nu kon zij zichzelf uren vermaken met het kleine, fijne schermpje vol tekenfilms voor haar snufferd. Uiteraard valt en staat het succes ook met het type kind en 101 andere factoren. Leeftijd speelt, denk ik, wel een grote rol. Mijn ervaring is de volgende: als je reist met kindjes tot aan twee jaar, dan zijn nachtvluchten ideaal en vanaf twee jaar kun je je beter richten op een dagvlucht. Hoe ouder kinderen worden, hoe meer ze meekrijgen van de wereld om zich heen. Het vliegen maken ze bewuster mee en zo groeit ook de spanning, het plezier én de aandacht voor de televisie voor hun neus. Dat laatste aspect zou ik tijdens een dagvlucht lekker uitbuiten.

Tip 2: Houd zoveel mogelijk het vertrouwde avondritueel aan

Een slaapassociatie creëren was voor ons echt key. Toen we eenmaal in de lucht zaten, deden we Pip haar pyjama en slaapzakje aan en ze kreeg haar avondfles, knuffel en speen. Ze wist hierdoor dat het tijd was om te gaan slapen en viel, na wat gedraai en van schoot gewissel, in mijn armen in slaap.

Tip 3: Neem baby-/peutermelk mee in de handbagage

Deze tip kreeg ik van een lezeres van mijn blog. Zij was met haar dochter naar Australië gevlogen en peutermelk was haar redding. Door de enorm lange vlucht was haar dochtertje vermoeid, maar zij wilde niet eten en daardoor verliep het slapen ook maar moeizaam. Je kent het wel: de vicieuze cirkel! De peutermelk gaf haar net het bodempje dat ze nodig had, het vulde haar maagje en ze viel als een blok in slaap.

Tip 4: Neem oud én nieuw speelgoed mee

Zorg dat je genoeg bij je hebt, zodat je de mini kunt bezighouden tijdens de wakkere uurtjes. Ik had in mijn handbagage het favoriete speelgoed van Pip gestopt, maar ik nam ook nieuw speelgoed mee. Zo bleef ze elke keer geprikkeld en wilde ze elke keer ergens mee spelen.

Tip 5: Neem zelf eten en drinken mee

Op een random doordeweekse dag, tijdens het normale, doordeweekse leven proberen we onze kinderen niet te belonen/straffen met eten. In het vliegtuig op een random doordeweekse dag, met een niet-alledaags reisschema doen wij dit wel. Liever houden we haar even zoet met een knijptuitje in de hand, dan dat onze dochter verandert in een gillend kind dat uit de stoel wil klimmen, terwijl het 'stoelriemen-teken' aanstaat. Verder is het fijn dat je niet afhankelijk bent van de service; je dreumes of peuter heeft er namelijk niet echt een boodschap aan dat de service is uitgesteld vanwege turbulentie. *Good to know:* je mag eten en drinken meenemen in je handbagage voor kinderen tot 1,5 jaar. Pip was tijdens onze reis ouder dan 1,5 jaar, maar bij de securitycheck even niet.

Tip 6: Neem de draagzak mee

De draagzak kan echt je redding zijn, als je kind niet wil slapen. Die draagzak is zo een uitkomst voor jou, voor je kind én voor je buren; jij kunt rondjes lopen als de decibellen je om de oren vliegen.

Tip 7: Familierij

Kinderen onder de twee jaar mogen nog gratis meereizen op schoot. Fijn voor de portemonnee, maar niet fijn voor jouw comfort. Boek daarom een stoel op de familierij en reserveer een reiswieg. Wij hebben bij KLM van deze service gebruikgemaakt, maar andere vliegtuigmaatschappijen bieden deze service wellicht ook aan. Voor de reiswieg mag je kind op de dag van de reis niet langer zijn dan 65 centimeter en ook niet meer dan 10 kilo wegen. Zo ervaar je wel de lusten, maar niet de lasten van het reizen zonder stoel ;-).

P.S. Nog even een boodschap naar de meneer die naast mij zat tijdens onze overstap op Singapore. Ik heb je zien kijken, hoor. Ik voelde je ogen in mijn nek branden. Maar wat jij niet weet, is dat jij fris en fruitig met je korte broek en slippers het vliegtuig in kwam lopen en wij er net 14,5 uur op hadden zitten. Die 14,5 uur waren vlekkeloos verlopen. Had je niet verwacht, hè? Tijdens de overstap had ik de speen van mijn dochter in de tas gestopt die inmiddels in de bagagebak boven ons lag. Ja, super dom van mij. Je wilt niet weten hoe klote ik mij voelde dat juist net op dat moment mijn dochter haar speen nodig had, maar ik er vanwege het opstijgen niet bij kon. En als je écht had gekeken, dan had je gezien dat ik mijn best deed. Maar je keek niet echt. Dus houd voortaan je oordeel voor je of ga lopen. Het is even ver.

Tip 8: Deryan Air-Traveller

Dit is echt dé reistip voor als je kind nog op schoot meereist. Je verdeelt hiermee de druk op schoot en het kan als matrasje en als stoeltje gebruikt worden. Als je op de familierij zit, kan je hiermee op de grond een zacht bedje creëren waarin je kindje kan spelen of slapen.

Tip 9: Wick wings vliegtuigbedje

Ik zeg het je maar alvast... *you'll thank me later* voor deze tip. Het Wick wings vliegtuigbedje is een opblaasbaar kussen dat je tussen de stoel van je kind en de stoel voor je plaatst, hiermee verleng je de stoel tot een bed. Hartstikke *first class* vliegen voor die dreumes of peuter van je. Oh! En de verpakking is net iets groter dan een broodtrommel. *Easy* om mee te nemen, dus.

Tip 10: Minimonkey minichair

Zó handig en je kunt deze minichair oprollen tot het formaat van een bolletje sokken. Je kunt met de Minimonkey minichair vrijwel iedere stoel verkleinen tot een kinderstoel. Het is ook ideaal te gebruiken in de kinderstoelen die geen riempje hebben, die ga je namelijk met regelmaat tegenkomen op reis.

De reisbedjes van Aeromoov en BabyBjörn vind ik persoonlijk de fijnste!

Wij kunnen niet zonder de Babyfoon 3G app. Doordat de app over internet gaat, heb je altijd verbinding, ongeacht de dikte van de hotelmuren en het is ook geen probleem als jij je in het restaurant drie verdiepingen lager bevindt.

Download App 📱

De UV-pakjes van Beach & Bandits zitten standaard in onze koffer, of we nu naar Bakkum of naar een tropisch oord vertrekken.

mamagoeshere.nl staat vol met kindvriendelijke vakanties in binnen- en buitenland, alle accommodaties zijn geselecteerd door echte mama's.

Inpakken en wegwezen

Deze reistips zijn superhandig als je met het vliegtuig weggaat, maar je hoeft natuurlijk helemaal niet per se ver weg voor een leuke vakantie! Sterker nog, sinds 'corona' niet enkel meer de naam van een biertje is, ben ik helemaal into de korte getaways in eigen land. Minder gedoe, vaker plezier en een kortere reistijd. Prima deal, toch?

Bakkum

In 2017 sliepen we twee nachtjes op Bakkum en vanaf toen zijn wij *forever* verpest. Zodra je het terrein oprijdt, heb je vakantie; of je dit nu wilt, of niet. Je moet van goeden huize komen, wil je je er nog toe kunnen zetten om iets productievers te gaan doen dan: de veranda vegen, water halen, een afwasje hier en daar en vanuit de hangmat dennenappels tellen. Voor de qualitytime met je gezin hoef je er overigens niet naartoe te gaan, want de kinderen ben je in '3, 2, 1' kwijt. Dat kan natuurlijk ook juist een prima reden zijn om naar Bakkum te gaan. Vergeet jij je boek niet?

Je hoeft niet te stressen, hoor, als ook jouw kinderen op avontuur zijn. Zonde van je vakantie. Dit horloge is onze *lifesaver* en zo houden wij onze hartslag rustig. Je kunt hierop zien waar je kids zijn, maar je kunt ook op het horloge bellen en dat kan allemaal vanuit je hangmat. Ideaal.

One2track, € 89,95

Tip: Word lid van de Facebookgroep 'Bakkum Bazaar'. Hier bieden mensen hun plekje te huur aan.

Boek hier →

Vakantiepark Schaijk

Dit park is van een heel leuk stel dat zich heeft laten inspireren door *Tiny houses*. Je wordt omringd door de natuur, het is een kleinschalig park, familierestaurant Charlies is *the bomb* en in de omgeving heb je heel veel buitenactiviteiten. Ik kan het weten, want we hebben hier tijdens onze verbouwing drie maanden gewoond. Het park is zelfs zo relaxed dat ik er twee keer een midweek in mijn eentje naartoe ben gegaan om te schrijven aan dit boek.

Must do:
- Docus de das, het avonturenpad
- Lunchen bij 'De Boshut'
- Spelen in speelbos Herperduin
- Pannenkoeken eten bij 'Pan&Zo' (grenst aan het speelbos Herperduin)
- Een ritje maken op Pip haar favoriete pony Snuitje @ Manege Olympic
- Zwemmen bij het golfslagbad in Oss

Ik zeg: 'Inpakken en wegwezen.' Stop trouwens meteen wat kaarslichthouders in je tas. Het interieur is namelijk vrij basic, dus de gezelligheid moet met jou meekomen. Laat je me weten hoe het was? Oh en nu je toch bezig bent; gooi een inklapkratje van Hema achterin je auto. Zo'n kratje is zó handig, je kunt hier al het speelgoed dat je wilt meenemen in opbergen.

Boek hier 📱

COCOONhuisje

Hier kan je je kratje vol speelgoed wel thuislaten, want in de COCOONhuisjes van Marjan kan je geen lade of deur opentrekken zonder dat je speelgoed tegenkomt. Eigenaresse Marjan heeft drie COCOONhuisjes: in Zeeland, Drenthe en in Zuid-Limburg. Het enige wat je zelf naar een huisje mee moet nemen, is: een setje schone kleding. Je komt in een volledig ingericht huis terecht, inclusief: speelgoed, verkleedkleren, een PlayStation, trampoline, kleurplaten, spelletjes en meer waarvan je het bestaan niet afweet, maar waar jouw kinderen na de vakantie niet meer zonder kunnen.

Lief huisje Zeeland & Wit huisje Zeeland

Eigenlijk hoort 'ie niet per se in dit rijtje thuis, want deze huisjes zijn, laten we zeggen, niet bedoeld als een huisje voor gezinnen met kinderen. Een gezin met één kind in de leeftijd baby/peuter is daarentegen hartstikke welkom! Ik heb een speciale band met Lief huisje Zeeland én Wit huisje Zeeland (beide huisjes zijn van eigenaresse Iske). In Lief Huisje ben ik namelijk ten huwelijk gevraagd en hier waren we zowel voor de geboorte van Pip als Rosie op *babymoon*. De sfeer in beide huisjes is zó fijn dat ik iedere keer weer met tegenzin wegga. Met name Wit huisje is echt m'n favoriet. Sla 'm dus ook zeker op, al dan niet om lekker met z'n tweeën of met een vriendin te vertoeven.

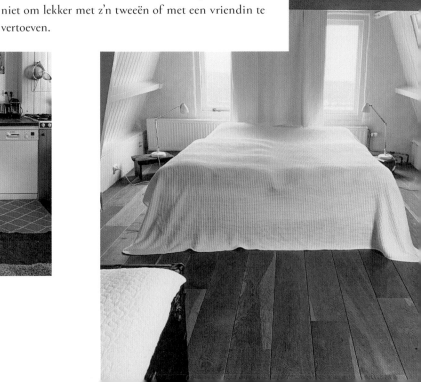

Familie Buitenhuys

Familie Buitenhuys is ook, net als COCOONhuisje, zo'n parel waar je als gezin binnenstapt met een tasje schone kleding en *that's it*. Eigenaresse Mariëlle heeft vier huisjes waarvan drie huisjes zich bevinden tussen de weilanden op een parkje vlakbij Hoorn. Onlangs heeft Mariëlle een huisje in Schaijk gekocht en helemaal opgeknapt! Ik zei het je toch: 'Schaijk is te gek.' Nu terug naar Hoorn. Vooral huisje 07 en 09 zijn zeer bijzonder, omdat Mariëlle deze zelf heeft ontworpen. En hoe! Ze heeft echt iets neergezet waar mijn 'Huismutshart' sneller van gaat kloppen. Wij hebben op het park gelogeerd in huisje 20 en ook daar was aan alles gedacht. Nog voordat ik een complete error kreeg, omdat mijn ene hand ín de stront greep en mijn andere hand misgreep op een luier, griste Willem zo een luier uit het badkamermeubel. Nou, dan kan je bij mij al niet meer stuk.

De Wildernis

Als je hier verblijft, heb je echt niks meer te wensen over. In deze twee omgebouwde zeecontainers heb je het comfort van een huisje en dankzij de ligging (tegen de bosrand van Camping Buitenland) alle faciliteiten van één van de leukste campings van Nederland. Kamperen hoef je hiervoor echt niet te leren, want als ik zeg 'comfort', bedoel ik: Comfort. Je hebt: stromend water, een quooker, pizzaoven, oven, BBQ, ijskast, diepvries, douche, wc en een houtkachel tot je beschikking! *Like I said,* je hebt niks meer te wensen over.

Safari Resort Beekse Bergen

Om van de daken te schreeuwen, zo leuk was dit! Wanneer rennen er nou giraffen door je voortuin en spelen er zebra's voor je voeten? Beekse Bergen heeft al mijn verwachtingen overtroffen. Alles is er mooi. Niet alleen het park en de huisjes zijn mooi, maar ook het restaurant, de kidsclub, de bowlingbaan en het zwembad. Als we later groot zijn, gaan we naar Tanzania, maar deze 'reis' was er al één voor in de boeken!

Slapen in het bos

Je wilt toch meteen je spullen pakken als je leest dat
je met je gezin in een houten huisje middenin het
bos kan slapen? Helemaal wanneer ik je vertel dat een
deel van het dak in de living van glas is, waardoor je
's avonds, als je alle lampen uitdoet, vanaf de bank
naar de sterrenhemel kan kijken. Ik kijk nu al uit
naar een romantische avond voor de houtkachel
waarop ik tuur naar de sterrenhemel wanneer de
kinderen op bed liggen. Slapen kun je vervolgens op
heerlijke boxsprings en zodra de ochtend ontwaakt,
wordt er een kinderontbijt met verrassing geserveerd.
Hoe leuk! Speelgoed kan je thuislaten, want dat is
aanwezig in het huisje, net zoals de kinderstoel en de
fiets met twee kinderzitjes. Het huisje is geschikt voor
twee volwassenen en twee kinderen. Als ik naar de
foto's kijk, kan ik me niet voorstellen dat ik het huisje
uit wil. Mocht jij toch op pad willen, dan weten
eigenaren Michel en Mariëlle genoeg leuke adresjes
voor jong en oud!

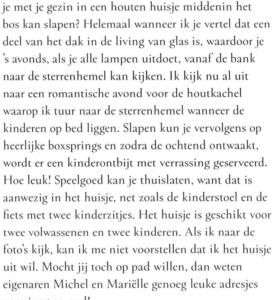

Boek hier 📱

Dromen onder de bomen

In het prachtige Zuid-Limburg staat de vakantiewoning van Herman en Mieke op een perceel van maar liefst 4000 m² met vrij uitzicht. Dit is echt een paradijs voor kinderen, dankzij: de trampoline, kabelbaan, schommel, voetbaltafel, sjoelbak én pipowagen! De pipowagen staat naast de vakantiewoning en is voorzien van kinderboeken, speelgoed en een dvd-speler met allerlei leuke kinderfilms! In de boomgaard staan kersen-, pruimen-, peren- en appelbomen en tijdens je verblijf mag je deze plukken. Zo zie je maar, je hoeft de landgrenzen heus niet over voor een fijne vakantie. Wij hebben inmiddels geboekt en ik ben al begonnen aan het afstrepen van de aftelkalender. Mogen we al?

Inspirerende kinderkamers

'Felipe zijn kamer zou ik als *'chique boho'* omschrijven en die van Julian als *'vintage boho'.* Ik zie het echt als een sport om op Marktplaats items te spotten en die vervolgens te verwerken in de kinderkamer. Ik stuit dan bijvoorbeeld op een vintage servieskastje en zie meteen voor me hoe leuk dat in een kinderkamer kan staan met daarin bijvoorbeeld babyschoentjes. Op mijn Instagram @studio_mariaelena deel ik ook al mijn vondsten op Markplaats. Ik heb natuurlijk ook niet voor alles plek, maar spot wel onwijs veel leuke dingen, dus die tips geef ik dan vervolgens via mijn Stories. Qua winkels shop ik graag bij Deens.nl, Anna + Nina, doinggoods.nl, Sissy-Boy en De Weldaad. De basis is nu goed, dus of ik er nu nog iets bijhang of weghaal, dat maakt niet zoveel uit; de sfeer blijft hetzelfde. Het servieskastje zal echter nooit meer weggaan. Nu hangt 'ie hier, maar ik zie 'm ook nog wel in de badkamer hangen met al mijn parfums erin.'

'Ella houdt heel erg van dieren, dus bij het inrichten van het kamertje, wilde ik diertjes terug laten komen. De stijl is, denk ik, niet echt te vatten in één woord, maar het is wel kleurrijk en het straalt rust uit, vind ik. De leeuw aan de muur was het uitgangspunt en de kleur op de muur zat er al op. Vanuit daar heb ik het verder uitgebouwd, zoals met het bedje en het tentje van Archive Store, maar ook met spullen die van mij zijn geweest. Ik mix oud en nieuw graag. Ferm Living heeft ook leuke kinderaccessoires, daar zijn het kleed en het dekbed van. De kussens zijn van Mini Rodini. Een goede tip vind ik ilovespeelgoed.nl. Het speelgoed dat ze hier verkopen is niet alleen leuk, maar ook mooi. De fotomuur vind ik het leukst aan het kamertje, dit is echt een muur vol herinneringen en de bedoeling is dat ik 'm eens in de zoveel tijd update.'

DE BEWONERS

JENNIFER (33),
singer/songwriter + co-founder WAGLE
ROBIN (38), consultant senior partner
bij Procent Horeca + co-founder WAGLE
EMILY (6) - BEN (1)

woonplaats DEN HAAG
ⓘ jennifernewbank

'Wij wonen in Den Haag dichtbij het bos en de zee. Deze plekken waren ook de inspiratiebron voor de kamers. De kamer van Ben is geïnspireerd op het bos. Her en der zie je de diertjes uit het bos terug in zijn kamer. Bij de kamer van Emily heb ik mij laten inspireren door de zee. Mijn favoriete winkels zijn: de Kikkerkoning in Den Haag, Pluk & Paloma en Archive Store. Daarnaast ben ik dol op Marktplaats. Op Emily haar kamertje komen het tafeltje, het poppenhuis en haar kast van Marktplaats. De kast heb ik een nieuw kleurtje en andere knoppen gegeven. Ik ben ook zo blij met het poppenhuis, omdat ik nu al weet dat dit huis in de familie zal blijven. Op Bens kamer is het hoekje waar zijn commode staat onze favoriet, ondanks dat ik er ook af en toe in mijn gezicht word geplast, haha.'

DE BEWONERS

IRIS (31), ondernemer
DAVID *(sssht secret)*, ondernemer
BO (6) - OLIVIA (4) - CHARLOTTE (0)

woonplaats AMSTERDAM
⊙ iriszeilstra

'Het kamertje zou ik als *'pastel dreamy'* omschrijven. Ik heb hier helemaal de vrije hand in gehad en gelukkig vinden ze het ook echt leuk. Wie weet moet het later een dolfijnenkamer worden, maar dan heb ik nu maar alvast m'n moment gepakt ;-). Lidor vind ik echt een leuke winkel, maar ik ben ook gek op Vier seizoenen en MiniMarkt Store. Pinterest blijft een heerlijke plek om inspiratie op te doen, maar ook de brochure van Oliver Funiture vind ik inspirerend. Zij laten echt zien dat je ook met weinig meubels en accessoires veel sfeer kan aanbrengen. Ook de manier waarop hoekjes in winkels zijn gestyled inspireren mij. Als ik dan weer zie hoe leuk een winkel de muizen van Maileg heeft gestyled, word ik bijvoorbeeld op een idee gebracht en dan wil ik dat thuis ook zo doen. Het allerleukste aan het kamertje vind ik het gevoel dat je krijgt als je binnenkomt, je wilt er echt zijn.'

DE BEWONERS

MEI FANG (36), kunstenaar
ROBBERT (41), architect
FILIPPA (5) - JUNO (2)

woonplaats AMSTERDAM
⊙ mei_fang_tan

'Ik denk dat ik de stijl van de kinderkamer van mijn dochter het beste kan omschrijven als: *'vintage meets folklore'* met een vleugje 'koloniaals'. Ik houd erg van de Indiaanse blockprint, batik en meubels uit Indonesië, maar ik ben ook gek op vintage! De grote meubels, voornamelijk erfstukken, vormden de basis en vanuit daar ben ik de kamer gaan inrichten. Filippa wilde heel graag een roze kamer en daar heb ik natuurlijk naar geluisterd, maar ik heb wel een roze tint gekozen die ik ook mooi vond. Uiteindelijk heb ik spulletjes bij elkaar gezocht die ik mooi en warm vond qua tint en die bij het kleurpalet pasten. Ik houd er ook van als complementaire kleuren bij elkaar komen. Ik zou als tip willen meegeven dat je niet per se op zoek hoeft te gaan naar kindermeubels, maar je je geld beter kunt uitgeven aan meubels die tijdloos zijn. Het 'kinderlijke' kan je gemakkelijk in een kinderkamer aanbrengen, wanneer je knuffels, accessoires en boeken toevoegt. Van Dijk & Ko is een winkel waar je supermooie vintage meubels kan scoren. Wat ik ook een fijn item vind, is een sprei. Het bed ziet er daardoor meteen netjes uit. De sprei op Filippa's bed is van Heinde & van Verre, maar ook Khasto heeft mooie spreien. Een grote inspiratiebron voor mij is Pinterest en ik kom altijd uit bij donkere kamers en kamers waar donkere kleuren met elkaar zijn gecombineerd. Alles wat je tegen een donkere muur zet of hangt, komt beter tot zijn recht. Het leukste hoekje in de kamer vind ik het zithoekje met het hemeltje en het vloerkussen van The Souks. Ik zou er soms zelf wel in willen zitten om mij even heerlijk af te zonderen van alles!'

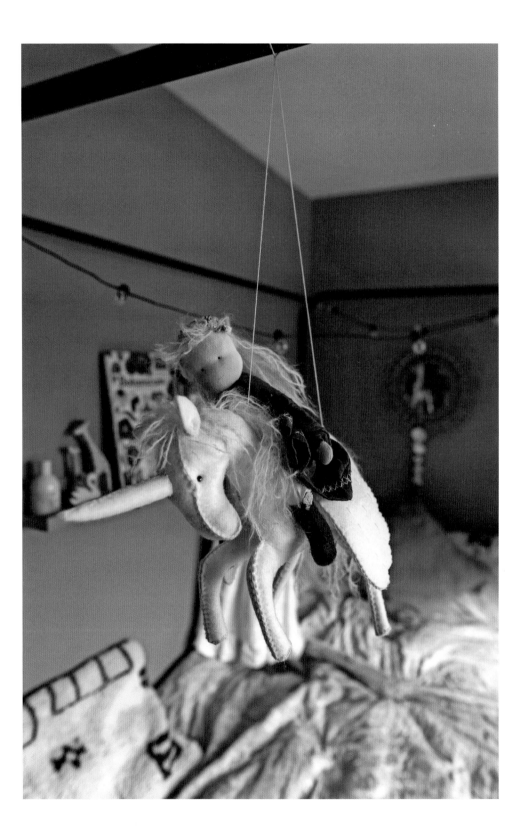

DE BEWONERS

MEREL (34),
marketingbureau Stories to Go
en webshop Flower to Stay
PIETER (36),
produceert jeans
VALENTIJN (4) - LIZZY (2)

woonplaats ABCOUDE
⬡ merelbensensimons

'De kamers zijn een mix van alles wat ik mooi vind. Ik houd erg van kleur en vintage. De kasten op allebei de kamers zijn erfstukken van mijn schoonvader. Met een likje verf hebben we ze naar onze smaak veranderd. Daarnaast struin ik ook graag Marktplaats af en ik ben dol op de winkel Archive Store. Zij hebben een winkel in Amsterdam en een online shop met o.a. prachtig bedtextiel. De kamers waren van zichzelf al karakteristiek door de houten visgraatvloer en met de warme kleur op de muur werd het al snel gezellig. Dat een kinderkamer gezellig is, vind ik heel belangrijk. Dat geldt overigens voor het hele huis. Het moet echt een familieplek zijn waar het warm en knus is. Naast Pinterest en Instagram doe ik ook veel inspiratie in het buitenland op. Het gevoel en de kleuren van Marrakech inspireren mij en dan probeer ik dat bijvoorbeeld te vertalen naar een ruimte in het huis. In Lizzy haar kamer was het nog even spannend, toen ik de rode kleur aanbracht, maar toen deze er eenmaal op zat, kwam alles samen en nu is het een mooi geheel. Valentijn wilde heel graag een paarse kamer, maar je hebt natuurlijk paars en paars. Ik heb toen heel enthousiast een lavendel-paarsachtige kleur laten zien en die vond hij meteen mooi. Hij blij én ik blij ;-).'

'Maen had de wens voor een regenboogkamer, ik heb er toen voor gekozen om die dan niet in primaire kleuren uit te voeren. Ze wilde ook heel graag roze en dat is de kleur *'Setting Plaster'* van Farrow & Ball geworden. Het is roze, maar wel subtiel roze. Je kan de stijl, denk ik, het beste omschrijven als: vintage, romantisch en met een Franse touch. Het grootse deel van de meubels komt uit mijn kamer van mijn ouderlijk huis en op Marktplaats heb ik in diezelfde stijl een bureautje gevonden. Een paar van mijn favoriete (online) winkels zijn: Lidor, Deugniet & Co, Hola bb, Archive Store, Reiger en de Raaf. Ik droomde vroeger altijd van een groot hemelbed en nu heb ik er één, in de kamer van mijn dochter, dat dan weer wel.

De kamer van Dapper is een beetje een mengelmoes van onder andere rotan en vintage. Ik vond een jongenskamer inrichten best wel lastig, omdat Dapper, in tegenstelling tot Maen, geen uitgesproken mening had. Het resultaat is vrij neutraal, denk ik. Wat ik zeker wist, is dat ik geen auto's op zijn kamer wilde, omdat er anders weinig geslapen werd. En verder heb ik vooral spulletjes verzameld, onder andere bij The Souks. Daar komen bijvoorbeeld de rieten mandjes en zijn kleed vandaan. Dit kamertje is eigenlijk echt tot stand gekomen zonder dat ik erover na heb gedacht.'

DE BEWONERS

MAAIKE (37), stylist
ONNO (42), data-analist
AMELIE (7) - SARA (5)

woonplaats TIJNJE
🔘 fleursdamelie

'Ik houd ervan om verschillende stijlen met elkaar te combineren. Ik ben gek op het mixen van verschillende printjes in behang, kussens, plaids en vloerkleden. Mijn stijl kan je het beste omschrijven als; *'boho eclectic'*. De clash in printjes zorgt voor spanning en de rust zoek ik dan weer op in het gebruik van natuurlijke materialen. Wanneer ik tegen een mooi product aanloop, vind ik het leuk om daar een sfeer omheen te bouwen. Ik krijg veel inspiratie van vintage winkels met unieke producten of van een mooi plaid of behang. Ik shop graag bij Sprinkelhop, Fortune Flea, Ouderwets Gezellig, Deugniet & Co en Smallable. Qua styling gaat alles in overleg met de kinderen en als ze graag topmodel posters van Despesche op hun kamer willen, mag dat ook. Een kwestie van loslaten en 'jammer voor mij', maar het is hun kamer en zij moeten zich er lekker in voelen.'

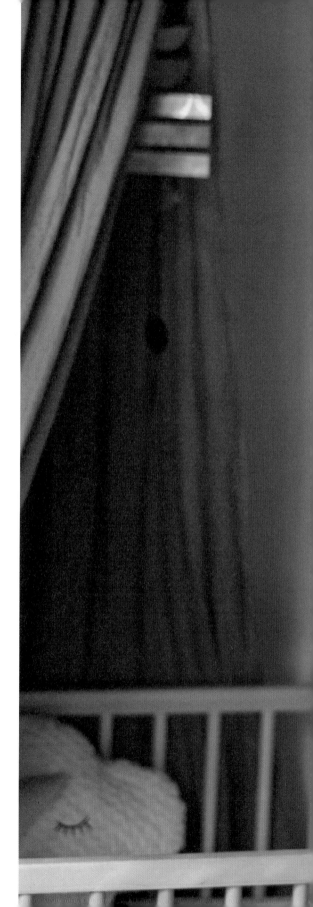

'In mijn interieur houd ik van een goede, neutrale basis met natuurlijke materialen en ik hou daarbij van een combinatie van design en vintage. Deze stijl heb ik ook doorgetrokken in de babykamer. Via Pinterest doe ik veel inspiratie op en voor iedere ruimte maak ik een apart bord aan, zo heb ik dat ook voor de babykamer gedaan. Ik vind het leuk om dan niet alleen kinderkamers te pinnen, maar juist interieurs waaruit ik elementen kan halen voor de babykamer. Je ziet vaak dat mensen een kinderkamer inrichten en ze in de kinderspullen blijven hangen, maar ik heb gekozen voor vrijwel alleen maar leeftijdloze items, op het bed en het hemeltje na. Het maakt het voor mij net wat spannender, als het kamertje niet alleen met kindermeubels is ingericht. Wonder for kids vind ik wel echt een leuke winkel voor kinderkameraccessoires. Ze zitten in Nijmegen, maar hebben ook een online shop. Bij Yumi baby verkopen ze mooi textiel en daarnaast ben ik een grote fan van Marktplaats. De commode was ook een vondst op Marktplaats en dit is inmiddels het pronkstuk van de kamer!'

Familie-opstelling

It's all in the family

✉ Mail
Van: Simone Rayer
Aan: Rachel van Sas
Onderwerp: Feedback Familieopstelling

Hoi Rachel,

Ben je al een beetje bijgekomen? Het was een
prachtige dag, maar ik kan me ook voorstellen
dat het heel vermoeiend was. Ik hoop dat je
lekker bent bijgekomen aan het strand. Zoals
beloofd, wil ik je nog wat feedback geven waar
je thuis mee aan de slag kunt. Zo kun je steeds
meer naar jezelf gaan kijken in plaats van dat
je anderen probeert te redden. Hierdoor kom je
steeds meer op je eigen krachtplek, komt er veel
meer flow in je leven en komt er innerlijk ook
de ruimte, zodat jij jezelf en je kindjes werkelijk
kunt gaan zien. Ik vind het super moedig dat
je er was en ik zag je grote moederhart voor je
kindjes.

Het was duidelijk dat je heel hard gewerkt hebt
voor het geluk van anderen en daarom is het
heel belangrijk voor je dat je al die energie
steeds meer aan jezelf gaat geven. Dit is een
proces en het zal niet altijd makkelijk voor je
zijn. Ik nodig je uit om jezelf de komende tijd toe
te staan om steeds meer je eigen behoeftes te
gaan voelen. Ik ben, net zoals jij, ook een redder
en het is goed om te weten dat er eigenlijk een
valse hoop onder dat redden zit. Jij zet jezelf
op een bushalte waar nooit een bus langs zal
komen en dit is pijnlijk. Deze pijn is de pijn die
bij jouw lot hoort. Als je die pijn durft te gaan
dragen, neem je de verantwoordelijkheid die bij
jou hoort en ontlast je je eigen kleintjes.

Dit is een fragment uit de mail die ik van Simone Rayer kreeg. Bij Simone heb ik voor het eerst een familieopstelling gedaan. Het is een ervaring die op, z'n zachtst gezegd, bijzonder was. Het was een 'middagje onkruid wieden, zodat het onkruid dat in jouw tuin staat, niet meer kan overwaaien naar de tuin van je kinderen', zoals Lou dat net al zo mooi uitlegde in ons gesprek.

Al jaren liep ik met het idee rond: ooit wil ik een familieopstelling doen. Ik voegde de daad bij het woord na een bijzonder gesprek met een vriendin. Deze vriendin heeft nog geen kinderen, maar ze heeft wel een kinderwens. We spraken over het verleden en over de toekomst. De essentie van ons gesprek was: aan het verleden kun je niks meer veranderen, maar hoe je omgaat met je verleden in de toekomst wél. Mijn vriendin had een familieopstelling gepland, juist nu haar eierstokken zachtjes begonnen te rammelen. Zij zag het als de mooiste voorbereiding op het aanstaande ouderschap. Ook zij weet dat je het niet altijd allemaal perfect kan doen, maar ze wil er in ieder geval alles aan gedaan hebben om het zo goed mogelijk te doen. Zij wilde dus ook patronen, lasten of overtuigingen uit het verleden onder ogen komen, zodat zij deze niet (onbewust) doorgeeft aan haar kinderen. Wauw. *She got it!*

Simone legt uit: 'Als je in je leven ergens tegenaan loopt, zoek je de oorzaak van het probleem vaak bij jezelf. Bijna alle blokkades en patronen hebben een oorsprong in jouw familiesysteem. Familie is namelijk niet alleen via een bloedband met elkaar verbonden, maar ook via het familiegeweten. Dit familiegeweten oefent onbewust een zeer grote invloed op je leven uit. Vanuit dit familiegeweten worden trauma's en lasten doorgegeven van generatie op generatie. Wanneer jij als ouder niet in je kracht kunt staan, doordat je nog onbewust lasten of belemmerende overtuigingen draagt van jouw (groot)ouders, zal je kindje deze lasten voor jou gaan dragen. Kinderen dragen dan lasten die eigenlijk niet bij ze horen. →

Een voorbeeld: Als jij, als moeder of vader, tekorten hebt gekend bij jouw ouders, ga je deze onbewust claimen bij je eigen kinderen. Je eigen pijn en tekorten projecteer je op je kinderen en dit kan zich uiten door bijvoorbeeld: overbezorgd te zijn, te gaan overcompenseren of de weg voor je kinderen helemaal glad te willen strijken. Zo wordt jouw kind ook weer behoeftig en zo herhaalt dit patroon zich, generatie op generatie. Kinderen worden het 'slachtoffer' van de pijn en het verdriet dat jij niet hebt opgelost. Dit is één van de vele voorbeelden die ik regelmatig voorbij zie komen.' Andere patronen kunnen zijn: constant de verkeerde partnerkeuze maken, faalangst hebben, het gevoel hebben dat je verantwoordelijk bent voor het geluk van één van je ouders, moeilijk vriendschappen kunnen onderhouden, verantwoordelijkheden nemen die niet bij jou horen, overcompenseren, moeilijk kunnen omgaan met veranderingen, continu op zoek zijn naar bevestiging, de controle moeilijk kunnen loslaten, en ga zo maar door. Een gedragspatroon kan je dus bijna altijd herleiden naar de familie. Ieder gezin heeft bepaalde patronen, overtuigingen en verdriet die worden doorgegeven. Het heeft er helemaal niks mee te maken of je een goede of minder goede jeugd hebt gehad. Een bepaald patroon waar jij je in je jeugd nog niet eens bewust van was, kan er in je volwassen leven voor zorgen dat je ergens structureel tegenaan loopt. Een familieopstelling kan dat patroon inzichtelijk maken, zodat jij je er bewust van wordt. En bewustwording zet verandering in gang, waardoor je je kinderen laat stralen in hun eigen licht in plaats van dat ze dansen in jouw schaduw.

Hoe een familieopstelling precies te werk gaat, legt Simone op haar site uit: 'Je representeert een persoon die je niet kent en neemt bij jezelf fysieke en emotionele reacties waar die bij deze persoon horen. Je weet (intuïtief) opeens iets uit het leven van die onbekende. Je komt in emotionele processen van de ander terecht, je kunt gebukt gaan onder de pijn, ineens super boos worden, heel hard moeten huilen of diep geraakt worden door liefde en blijdschap. Mensen, hoe sceptisch ze aanvankelijk ook zijn, raken steeds weer enorm onder de indruk wanneer ze het bij anderen zien en zijn totaal verbaasd wanneer ze het zelf meemaken.'

Jij kan dus representant zijn in de familieopstelling van een ander, maar anderen dus ook in die van jou. Het is niet te verklaren hoe representanten in jouw opstelling gedrag en emoties tonen die bij jouw familieleden horen. Anderzijds is het ook onverklaarbaar dat jij je ineens boos, verdrietig of vrolijk voelt in de opstelling van iemand anders. Het gebeurt en je ziet daardoor letterlijk voor jouw ogen zich een patroon afspelen. Als jij de verantwoordelijkheid neemt voor jouw leven, voor jouw trauma's en verdriet, sta je als moeder in je kracht en dat zal generaties lang voelbaar zijn. Een groter geschenk kun je je kinderen niet geven. ∎

Bekijk deze video eens. Hierin wordt nog eens heel duidelijk uitgelegd wat een familieopstelling is en wat het voor jou kan betekenen.

Ik heb een familieopstelling gedaan bij Simone Rayer.
Zij werd mij op Instagram vaak getipt en niemand heeft
iets teveel gezegd. Het was zo'n bijzondere en enorm fijne
ervaring bij haar, ik gun jou deze ervaring ook.

MOM

TALK

'You were <u>someone</u> before you were their <u>mom</u> and that person <u>matters</u>'

Iedere moeder doet het volledig op haar eigen manier, een manier die bij haar en bij haar kind past. Maar één ding hebben deze moeders wat mij betreft gemeen; *She got it!* Zij cijferen zichzelf niet weg en beamen alle twee dat juist dát ze een leukere moeder maakt.

Als je sommige geluiden moet geloven, is het moederschap één en al kommer en kwel. Het is zwaar, het is heftig en het is een emotionele *rollercoaster* zonder slaap, met als enige kick een cafeïnekick, want *'The party is over'. High* van vermoeidheid en een baby die *milkdrunk* is, lijkt het hoogst haalbare *nowadays.* Of toch niet?

'Want to be a good Mother?
Take care of yourself.

Run. Cry. Go to therapy.
Be alone. Take a bubble bath.
Scream. Get a babysitter.
Eat that cake. Quit guilt.
Ride in your car with the radio blasting.
Have a glass of wine.
Get your nails done. Read.

Whatever needs to be done, do it.
You need to be OK.
You got this girl.'

EMMY POLKAMP
- Moeder van Ajla (1)
- Ontwerper en docent conceptcreatie

Emmy is al achttien jaar één van mijn beste vriendinnen. We hebben door de jaren heen lief en leed gedeeld en ze is zelfs op mijn bruiloft mijn bruidsmeisje en getuige geweest. Nu ze sinds één jaar moeder is van haar dochtertje Ajla hebben we nog een extra factor die ons verbindt. We ervaren allebei dat het krijgen van kinderen niet per se zo *life changing* hoeft te zijn als vaak wordt beweerd. Emmy deelt met ons haar ervaring en ze vertelt hoe zij, sinds de komst van haar dochter, zichzelf is gebleven.

Lieve Emmy, laten we beginnen bij het begin. Hoe zag je het voor je, moeder zijn?

Ik heb allereerst nooit getwijfeld óf ik moeder wilde worden. Dat was iets wat ik altijd al zeker wist. De vraag was wel: wanneer? Wanneer ben je er dan klaar voor? Eigenlijk was mijn gevoel daar al. Ik was er klaar voor, ik voelde dat ik het wilde. Ik merkte dat ik op een andere manier naar kinderen om me heen ging kijken, het zat 'm in van die kleine dingetjes. Volgens mij dacht ik toen: 'Nou, qua gevoel zit het helemaal goed.' Alleen dan komt het rationele en het praktische aspect natuurlijk ook nog om de hoek kijken. Continu keek ik per vraagstuk naar: 'Zijn we er klaar voor?', 'Zijn we er binnen onze relatie klaar voor?', 'Zijn we er in ons leven klaar voor?' en ineens merkte ik dat ik overal 'Ja!' op kon antwoorden. Er zaten echt nog wel wat haken en ogen aan en ik had dan ook kunnen zeggen dat ik er nog niet klaar voor zou zijn. We wonen bijvoorbeeld redelijk klein. Heel veel mensen om ons heen zeiden altijd: 'Blijven jullie daar dan wel wonen? Moet je dan niet in een groter huis gaan wonen, als je kinderen wilt?' Vanwege al die opmerkingen merkte ik dat ik afgeleid werd van mijn eigenlijke doel.

Het was dus vooral de omgeving die je aan het twijfelen bracht?

Ja, al die geluiden dreven mij weg van mijn gevoel. Het is me gelukkig gelukt om terug te gaan naar de basis. En natuurlijk keek ik ook naar het gevoel van Bart, want het is wel iets wat je samen beslist en wilt en waar je samen klaar voor bent. Ik realiseerde me dat wij nu zo'n ontzettend fijn leven met veel sociale contacten hebben. We halen, zoals ik ernaar kijk, alles uit het leven. We staan er heel vrij in, soms heel impulsief of spontaan en juist dát leven wil ik delen met een kindje. Ik heb soms het gevoel dat anderen heel erg wachten met het léven van hun leven, zij wachten misschien op het moment dat ze kunnen zeggen: 'Nu heb ik alles gedaan wat ik ooit wilde doen.'

Ja, zoals: 'Nu ben ik klaar met reizen... Nu ben ik klaar met feesten... Nu ben ik klaar met carrière maken... en pas dan gaan we door naar het volgende hoofdstuk.'

Ja, en dat ging heel erg tegen mijn gevoel in, omdat ik er niet in geloof dat je leven stopt als je kinderen krijgt. Natuurlijk zullen er dingen veranderen en natuurlijk zal ook mijn reisdrang en mijn feestdrang minder worden. Ik geloofde →

niet dat dat binnen nu en afzienbare tijd zou gebeuren. Ik ben juist gaan nadenken en gaan zoeken naar: hoe kan ik het leven dat Bart en ik nu hebben, dat we samen hebben ingericht en dat we zo fijn vinden, zo gaan leiden mét een kindje? Ik heb kunnen 'schakelen' en realiseerde me dat we niet meer hoefden te wachten. Ik weet dat wij het daar ook vaak over hebben gehad. Jij was redelijk jong moeder en je hebt daar ook veel over gehoord...

Er werden heel veel belemmeringen, die anderen hebben ervaren, op mij geprojecteerd. Zo zeiden mensen: 'Dan ga je nu vast wel verhuizen!' Dat was nog niet eens in me opgekomen. Ik zag me al helemaal wonen op die kleine etage van vijftig vierkante meter met Pip, Willem en Dibbes. We stonden er hetzelfde in als jullie. Alles wat we leuk vinden, zoals: een sociaal leven, feestjes en reizen kan ook met een kindje in je leven. Als je die ruimte er maar voor wilt maken. Als je er creatief mee omgaat, dan lukt dat inderdaad. Als ik nadenk over dat 'klein wonen': je creëert soms ook met elkaar een norm van hoe 'de inrichting van je leven' eruit moet zien. Juist mijn ervaring van het afgelopen jaar heeft mij geleerd dat het voor ons heel fijn is dat we nu klein wonen. We wonen gelijkvloers, dus Bart en ik hebben ons al zo vaak gelukkig

geprezen; wij hoeven geen twee trappen omhoog, wanneer Ajla huilt. Ik ben binnen drie seconden bij haar, dus binnen vier seconden zit ik weer op de bank.

Ajla is nu één jaar en ik weet nog goed dat je tijdens je zwangerschap tegen mij zei: 'Ras, iedereen maakt mij zo bang, maar als ik naar jullie kijk, heb ik er wel vertrouwen in dat er helemaal niet zoveel hoeft te veranderen. Waarom zegt iedereen dat dan?' Wat hoorde je dan zoal?
Allereerst denk ik niet dat mensen mij bewust bang wilden maken. Mensen praten graag over het onderwerp en delen soms ook gewoon hun frustraties. Op mij had het wel het effect dat ik er angstig van werd, met name omdat ik nog geen ervaring had. Ik was nog geen moeder, dus ik dacht: 'Zij kunnen het weten, zij zijn al moeder, ze weten waar ze het over hebben.' Ik kan wel een heel beeld in mijn hoofd hebben over een leven dat ik wil leiden en dat ik al heb en dat ik dat juist willen delen, maar ik heb nog niet die ervaring en ik weet nog niet of dat mogelijk is. Ondanks dat ik veel vertrouwen had in mijn zwangerschap, in onze relatie en in alles wat er ging komen, was ik daar af en toe wel mee bezig. Gaat het dan allemaal zo veranderen? Is het leven straks daadwerkelijk zo anders, zoals mensen beweren?

'Is het leven straks daadwerkelijk zo anders, zoals mensen beweren?'

En wat beweerden ze dan?

Het ging vaak over kleine, praktische dingen: dat je geen tijd meer zou hebben om normaal naar de wc te kunnen gaan, bijvoorbeeld.

Of: 'Geniet er nog maar even van dat je nog op de bank kan liggen!'

Heel veel van dat soort dingen, inderdaad! Geniet er nog maar van dat je een filmpje helemaal af kunt kijken. Of iets anders waar ik heel erg van geniet: uiteten gaan, dat zou er echt niet meer inzitten. Überhaupt het hele spontane zou uit het leven verdwijnen. Je kunt niet zomaar beslissen om dit te doen of dat te doen. Ik merkte dat ik daar tijdens mijn zwangerschap heel veel mee bezig was.

Inmiddels ben je nu een jaar moeder. Nu kun je het wél vergelijken. Hoe is je ervaring nu?

Eigenlijk precies zoals ik het mezelf had voorgenomen en had voorgesteld. Ik vind eigenlijk dat er helemaal niet zoveel is veranderd. Het is niet per definitie zo dat al die dingen niet waar zijn, maar ik merk dat er heel veel nog wel mogelijk is. Als je er zelf relaxt in staat en als je jezelf veel gunt, hoeft er niet veel te veranderen. Wees niet alleen ingesteld op: hoe kan ik het zo goed mogelijk doen voor mijn kind? Ik denk dat je ook mag kijken naar; waar heb ik nu zelf behoefte aan en waar haal ik de meeste energie uit? Als je dat dan samen met je kind probeert te doen, dan is er heel veel mogelijk. Alle dingen die ik nog graag wil doen, kunnen nog gewoon doorgaan. Vanuit die intentie lukt het me ook om op een creatieve manier te denken: dit is mijn behoefte en hoe richt ik de situatie nu in? Daar hoort natuurlijk ook bij dat ik vertrouwen heb in dat ik het als moeder goed doe en dat mijn behoefte uiteindelijk ook haar ten goede kan komen. →

Daar geloof ik ook heel erg in. Alleen als je heel erg goed kan luisteren naar jouw behoeftes, die ook uit durft te spreken en daar iets mee gaat doen, dan krijg je daar zoveel energie van. Dat is energie die je door kan geven. Als jouw energielevel heel laag is, omdat je wordt opgeslokt door dingen die natuurlijk heel liefdevol zijn, maar ook heel veel energie vreten, dan heb je uiteindelijk ook minder energie die je kunt geven. Je kan het jezelf, als moeder, zo moeilijk maken als je zelf wilt.

Jij bent daarin voor mij echt een groot voorbeeld geweest. Ook toen ik voor de keuze stond: 'Ben ik er klaar voor?', keek ik graag naar jou, omdat ik bij jullie zag hoe dat ging. Dan dacht ik: 'Zie je, ik heb wel bewijs dat het allemaal niet zo ingewikkeld hoeft te zijn en dat je leven ook gewoon door kan gaan, mits je jezelf daar de ruimte voor geeft en dat voor jezelf

creëert.' Zo zijn er allemaal kleine dingen te bedenken waar je het de hele dag druk mee kan hebben. Als je zou willen, kun je de hele dag door achter je kind aanlopen en met een doekje het gezicht schoonmaken, continu luiers verschonen en ga zo maar door. Je kunt het zo ingewikkeld maken, als je zelf wilt. Dat is ergens een keuze. Het is absoluut niet zo dat ik mijn kind zou verwaarlozen, want dat is natuurlijk het ergst denkbare, maar misschien voel je juist daarom die ruimte niet. Ik vind dat je ook vertrouwen moet hebben: wat ik geef, is gewoon goed. Veel vrouwen zeggen in de eerste weken na de geboorte: 'Ik ben helemaal niet meer met mezelf bezig, ik kleed me niet meer aan.' Ik voelde juist heel erg duidelijk: ik heb gewoon behoefte om gezond en goed te eten en juist als ik goed voor mezelf zorg, kan ik ook voor een ander zorgen.

Ik vind het ook heel erg leuk om te zien dat jullie heel erg genieten van het leven, heel veel leuke dingen doen en dat vaak ook nog eens spontaan doen. Ik kan me nog wel herinneren dat we elkaar appten op een zaterdagmiddag. Wij nodigden jullie toen uit om hier gezellig wat te eten en een borreltje te drinken. Bart, jij en Ajla kwamen toen en op een gegeven moment moest Ajla natuurlijk naar bed. Jullie dachten meteen aan een oplossing: zij moet gaan slapen, dat is een feit. Hoe kunnen we het zo regelen dat zij kan gaan slapen en dat wij niet halsoverkop naar huis moeten? Uiteindelijk hebben jullie haar hier toen te slapen gelegd en besloten jullie hier ook te blijven logeren. Toen merkte ik ook heel duidelijk dat onze vriendschap niet veranderde. Wij hebben nog steeds dezelfde band en dezelfde gesprekken en doen dezelfde dingen.

Ik denk ook echt dat het goedkomt als je daar relaxt mee om kan gaan. Wat natuurlijk voor mij wel belangrijk is, is dat Ajla genoeg slaap krijgt, maar de vorm kan variëren. Gelukkig merk ik ook aan Ajla dat ze dat aankan en dat ze dat van het begin af aan al gewend is. In mijn kraamweek zijn wij samen uiteten gegaan, toen was ze erbij en lag ze in de kinderwagen te slapen. Toen was ze nog heel klein, dat zal ze nu niet zo snel meer doen. Zo kan een vorm continu veranderen, als je maar kijkt naar je kind: wat heeft ze nu nodig? We zijn ook weleens naar een feestje in Amsterdam gegaan waar we haar boven hadden neergelegd, maar ze wilde toen gewoon niet slapen. Op zo'n moment maak je met elkaar ook de keuze: dan moeten we naar huis.

Je hebt het dan in ieder geval geprobeerd. Dat is dan de manier waarop je in het leven staat en het zegt veel over de *mindset* die je hebt. Het is zo anders als je het bij voorbaat al niet zou proberen, want 'het zal toch wel niet lukken'.
We zijn afgelopen zomer op de camping geweest en je merkt dat veel ouders daar de touwtjes een beetje laten vieren. Dat is eigenlijk hoe wij sowieso in het leven staan, maar dan niet alleen op de camping. Die kinderen zijn het allergelukkigst daar.

Je ziet die kinderen echt op hun best door die vrijheid. Wij hebben er niet alleen plezier van, maar de kinderen hebben er ook baat bij en kunnen creatief zijn, zij kunnen het gevoel van vrijheid ervaren en ze zien dat hun ouders daar ook van genieten. Dat is ook heel mooi.

Ik kan me goed voorstellen dat het voor een kind benauwend kan werken, als zijn/haar ouder de hele tijd achter het kind aanloopt. Of misschien durven ze daardoor minder op zichzelf te vertrouwen, omdat er toch altijd iemand bovenop ze zit die het voor ze oplost.
Los van dat elk kindje natuurlijk anders is of dat je kindje iets kan hebben waar je geen invloed op hebt, denk ik dat dat stukje vertrouwen geven nu juist hetgeen is waar je wel controle over kunt hebben. Ik kan bij mezelf denken: 'Wie maakt het nu →

heel erg ingewikkeld, is dat Ajla of ben ik dat?' Juist door het stellen van deze vraag, kan ik er vaak anders naar kijken. Het begint echt bij de gedachte: 'Ik ben goed zoals ik ben.' Dat betekent voor iedereen iets anders. Je hoeft jezelf niet in een soort 'moederskeurslijf' te gieten. Je bent wie je bent en dat heb je te bieden. We gaan het sowieso niet allemaal perfect doen.

Perfect zijn in je imperfecties vind ik mooi. Hoe minder perfectionistisch je bent, hoe relaxter je kan zijn.
We moeten misschien ook allemaal een zesje zijn en niet een tien willen nastreven. Dan hebben kinderen ook helemaal geen referentiepunt voor als mama een keer chagrijnig is of wanneer ze iets onredelijks doet of zegt. Die ervaring moeten ze natuurlijk ook hebben.

Hoe was jouw jeugd?
Heel fijn. Ik heb een heel fijne jeugd gehad. En dat oervertrouwen zit er ook in, mede door die fijne jeugd. Dat maakt ook dat ik makkelijker een beslissing kan nemen die goed is voor mezelf. Ik heb vertrouwen in mezelf, ook als moeder en ik heb vooral vertrouwen in mijn kind. Ik heb het vertrouwen dat ze om kan gaan met een bepaalde ruimte en een bepaalde vrijheid. Mijn ouders hebben mij altijd heel erg veel rust geboden, ik kon uren op een kleedje met poppetjes en barbies spelen. Mijn ouders zeiden dan: 'Emmy, vergeet je niet iets te drinken?' Ik heb dat als zoiets waardevols ervaren, ik put hier

nu nog uit. Ik kan mezelf goed vermaken en ik kan goed alleen zijn, dit is heel waardevol voor mij. Nu ik zelf moeder ben, realiseer ik me dat mijn ouders me ook die ruimte hebben gegeven. Vroeger hadden mensen veel meer kinderen en hadden ze minder tijd en aandacht voor hun kinderen dan nu en ik denk niet dat dit per definitie altijd slecht is. Soms leggen we onszelf zo op dat we continu met ons kind bezig moeten zijn, spelletjes moeten bedenken bijvoorbeeld, zodat we het gezellig hebben met onze kinderen. Natuurlijk zijn er momenten dat je even echt heel bewust iets met je kind gaat doen. Dat heb ik ook ervaren met mijn eigen moeder. Zij heeft het gewoon heel erg goed gedaan in mijn ogen en zij doet het nu als oma ook heel goed met mijn kind, dus daar ben ik heel blij mee. Maar echt even letterlijk die afstand nemen... Dat is iets wat ik bij mijn moeder zag en nu ook toepas. Ik probeer dat ook in huis, als ik Ajla zie spelen. Als ze ziet dat ik naar haar kijk, hangt ze meteen de clown uit en is haar moment ook verstoord. Ik probeer er wel te zijn op de achtergrond, maar niet in haar spel en in haar belevingswereld. Dat deed mijn moeder vroeger heel goed, ze zat dan ergens op een stoeltje op een afstand. Ik was dan aan het spelen met boerderijpoppetjes en zij gaf dan soms wat impulsen vanuit haar 'luie stoel', terwijl ze iets las. Ze zei soms iets wat mijn spel kon verrijken, maar ze speelde niet met een poppetje mee, dat vond ik wel heel mooi en ik probeer dat op mijn eigen kind toe te passen.

Hoe spontaan is jouw leven nu, nu jij moeder bent?

Heel spontaan nog, eigenlijk. Natuurlijk zijn er dingen veranderd. Soms overvalt me nog het gevoel: 'Oh, eigenlijk had ik dit of dat nu graag willen doen.' Dat kan niet altijd. Bart werkt ook vaak 's avonds, waardoor ik 's avonds vaak alleen ben. Mijn ouders en de ouders van Bart zijn altijd bereid om op te passen, maar soms gaat dat niet à la minuut. Vaak probeer ik het feit dat ik me nu even erger aan de situatie om te zetten in de volgende gedachte: 'Dit is een behoefte van mezelf.' Vervolgens spreek ik die behoefte uit en maak ik het op een andere manier mogelijk. Bart en ik hebben het er ook nooit over dat dingen niet kunnen, we kijken altijd meteen: 'Oké, jij hebt die behoefte, hoe gaan we dat mogelijk maken?' Eigenlijk denken wij dus heel praktisch. Doordat wij er zo praktisch mee omgaan, merken we dat het heel goed lukt om nog spontane momenten te hebben. Soms kan het ook zo zijn dat ik die behoefte meerdere keren in de week heb, dan wil ik naar een feestje gaan of gaan borrelen, ja, dan is dat gewoon zo.

Wil je horen hoe de relatie van Emmy en Bart is?

Luister Podcast, 📱

Wat zou jij aanstaande ouders mee willen geven?

Allereerst: heb vertrouwen in jezelf, maar heb ook vertrouwen in je kind. Geloof dat je goed bent en goed genoeg bent in dat wat jij ze biedt. We hebben nu het gesprek gehad vanuit onszelf als moeder, maar iedereen is op een andere manier moeder. Ik denk dat het goed moet zijn, zoals het is. Probeer te luisteren naar je behoeftes en probeer ook creatief om te gaan met datgene waar je behoefte aan hebt. Jouw leven hoeft niet zo te veranderen als soms misschien gezegd wordt. Dus ook aan aanstaande ouders wil ik graag meegeven: laat je niet gek maken, heb daarin ook vertrouwen in jezelf en in de relatie die je op dat moment hebt. Geloof er ook in dat je leven niet compleet overgenomen hoeft te worden. Cijfer jezelf niet weg, want dat is het mooiste wat je je kind kunt meegeven: dat jij geniet van het leven en dat jij de dingen doet waar je zelf plezier aan beleeft. Dat is iets, wanneer ik terugblik op mijn jeugd en kijk naar mijn eigen moeder, dat een kind later altijd bij blijft. ■

Merel is echt een *powerhouse*. Ondanks alle tegenslagen die zij heeft gekend, is ze één van de krachtigste en positiefste personen die ik ken. Zelfs na de scheiding van de vader van haar zoontje Willem (3 jaar) weet ze zichzelf als geen ander staande te houden. Wat is haar geheim?

Je bent een inspiratiebron voor velen, lieve Merel. Jij staat namelijk heel positief in het leven. Je *rockt*, vind ik, echt alles, ondanks alle tegenslagen die jij hebt gehad. Het is je namelijk niet heel erg voor de wind gegaan in jouw leven. Laten we beginnen bij het begin. Hoe was jouw jeugd?

Allereerst denk ik dat juist die tegenslagen ervoor gezorgd hebben dat ik nu zo positief in het leven sta. Ik ben opgegroeid met alleen mijn moeder, want mijn vader ging weg, toen ik zeven jaar oud was. Mijn moeder en ik deden echt alles samen, we waren een soort van beste vriendinnen. Toen ik zeventien was, werd mijn moeder ziek, ze kreeg longkanker. Op mijn negentiende overleed ze. Op dat moment leek mijn wereld in te storten, omdat ik helemaal alleen was. Ik heb geen broers of zussen, dus ik voelde mij echt wees. Ik dacht: 'Mijn hele wereld stort nu in en ik kan nu twee dingen doen. Of ik stort nu ook helemaal in, óf ik kijk naar wat mijn moeder nu gewild zou hebben. Hoe zou zij hebben gewild dat ik zou verder leven?' Eigenlijk leef ik door met een heel liefdevolle moeder die mij negentien jaar echt heel goed verzorgd heeft. Ik had het gevoel dat ik op die kracht ook door kon. Ik wil echt wel het allermeeste uit mijn leven halen en er het allermooiste van maken. Eigenlijk ben ik dus onwijs positief doorgegaan en dat heeft me wel heel sterk gemaakt.

Is jouw vader helemaal niet in beeld?

Mijn moeder ging weg bij mijn vader, toen ik zeven was. Destijds zag ik hem nog af en toe om de week. Dat contact werd steeds minder, ook omdat ik niet zo'n goede band had met zijn nieuwe vrouw. Dat was heel lastig, maar ook een soort van heel fijn. Ik realiseerde me namelijk dat ik genoeg had aan mijn moeder. 'Ik blijf liever bij mama', was mijn gedachte. Het contact met mijn vader verbrak ik. Hij leeft nog wel, maar hij is altijd een vader geweest die meer 'mijn kindje' was, dan dat hij echt een vader was.

Verbrak jij het contact met je vader uit zelfbescherming?

Ja, ik probeerde nog een tijd voor hem te zorgen, ik heb een beetje zijn moeder gespeeld. Op het moment dat ik zelf moeder werd, was het wel mooi geweest. Ik realiseerde me: ik ben nu zelf moeder. Ik ga niet meer zorgen voor iemand die eigenlijk voor mij had moeten zorgen.

Jij zegt altijd: 'Alles gebeurt met een reden.' Wat heb je geleerd van deze gebeurtenissen?

Doordat ik op een gegeven moment helemaal alleen was, zonder ouders en zonder broers of zussen, →

MEREL VON CARLSBURG
- Moeder van Willem (3)
- Uitgeverij True Colors Publisher
- Founder van The Green Happiness

heb ik geleerd dat je het geluk niet buiten jezelf kan vinden. Er is altijd wel iets in je leven dat slecht gaat, of er is altijd wel iemand die ziek is. Het enige waar jij je geluk kan vinden, is in jezelf. Ik ben dan ook wel echt meer 'naar binnen' gegaan en ik heb ervoor gezorgd dat wat er ook gebeurde, ik zelf voor een positieve draai zorgde, zodat ik toch blij werd. Zo kon ik door.

Wow, wat een kracht. Het moet een heel fijn gevoel zijn dat je weet dat wat er ook gebeurt, je niet zal instorten of je hele leven niet op zijn kop zal staan.
Toevallig zei ik dat gister nog tegen mijn nieuwe vriend: 'Ik voel me zo compleet bij jou en het klopt voor mijn gevoel zo erg. Maar ook al zou dit weer overgaan, dan zou dat ook oké zijn. Dan weet ik nog dat ik het red.' Je haalt het uit jezelf om gelukkig met iemand te zijn.

Je kan inderdaad wel zeggen dat dit grote verlies je dus ook veel heeft gegeven.
Ja, ik ben heel blij dat het me niet verhard heeft, soms gebeurt dat wel bij mensen. Zij durven hun hart dan niet meer open te stellen. Ik durf dat nog wel, hoe vaak mijn hart ook pijn heeft gehad; ik blijf het openstellen. Als dat niet meer lukt, dan is het leven zinloos, zonder liefde.

Maak je je weleens zorgen om dingen?
Nee, ik maak me echt niet snel zorgen. Ik denk dat zorgen voortkomen uit angst en uit angst kun je niks creëren. Als je vanuit liefde en vanuit positieve dingen leeft, dan denk je vanuit vertrouwen en dan komen dingen vaak wel goed. Als je het veel te zwart ziet, dan kom je er meestal ook niet uit. Die gedachtes laat ik links liggen, ik probeer ze te parkeren. Dat is niet altijd makkelijk, maar als ik even bezorgd ben, dan probeer ik dat wel snel om te denken.

Kan je een voorbeeld uit het moederschap noemen?
Ja, ik ben gescheiden van de vader van mijn kind. Ik was best wel bang om die keuze te maken, ik heb daar lang over nagedacht. Mijn eerste gedachtes waren: 'Nee, dat kan niet. Hoe is dat straks voor mijn zoon, als hij zijn twee ouders niet samen ziet? Ik kan dat niet, ik weet niet hoe dat moet!' Pas toen ik die gedachtes losliet, dacht ik gewoon vanuit mezelf: 'Wat heb ik nodig?'

Je handelde vanuit vertrouwen en niet vanuit angst?
Ja! Ik liet die angst opeens helemaal links liggen en ik kreeg vertrouwen: 'Wat heb ik nodig in het leven? Hoe ben ik op mijn best? Hoe ben ik helemaal mezelf? Hoe kan ik in liefde leven?' Opeens zei ik tegen mijn ex-man: 'Het is klaar, het werkt niet meer samen, het kan niet.' En nu, een jaar later, is alles helemaal goed gekomen, omdat ik vanuit vertrouwen handelde.

Knap, want dat moet een heel moeilijke beslissing zijn geweest. Je koos A: voor het onbekende en B: het gaat natuurlijk niet alleen om jou, maar ook om je zoon. Toch heb jij dat besluit durven nemen.

Dat was echt een heel moeilijke keuze. Ik besefte opeens: als zijn moeder gelukkig is en een goed leven heeft, dan straal ik dat uit. Dan zal hij ook wel weer gelukkig zijn. Ongeveer zes weken nadat het uit was met mijn ex, zeiden ze op de crèche tegen mij: 'Willem is zo blij. Het gaat zo goed met hem. Het lijkt wel, alsof het een heel goede keuze voor hem was.' Zie je wel! Als je ouders op hun plek zijn en gelukkig zijn, dan is het kind blij. Dan maakt het voor het kind ook niet uit of de ouders samen zijn of niet. Ik denk dat het wel belangrijk is dat je altijd vanuit de behoeftes van je kind blijft denken, als ouders moet je goed met elkaar blijven omgaan. In het bijzijn van je kind moet je je woede en frustratie niet uiten...

Of via het kind...
Of via het kind, nog erger!

Lou Niestadt en haar man gingen uit elkaar, toen ze zwanger was van de derde. Lou zei: 'Ik wil liever aan mijn kinderen laten zien hoe ik alleen gelukkig ben, dan dat ze zien dat ik ongelukkig ben in een relatie.' Hopelijk zijn deze verhalen inspirerend voor vrouwen die nu in eenzelfde situatie zitten. Je houdt het gewoon niet tegen dat sommige relaties op een geven moment

ongezond zijn en dat een scheiding onvermijdelijk is. Heel vaak zijn 'de kinderen' dan een argument. Jullie laten nu zien dat kinderen daar juist gelukkiger van kunnen worden, mits alle randvoorwaarden natuurlijk ook goed zijn en het geen vechtscheiding is. Het is niet per definitie zo dat kinderen gelukkig worden als hun ouders bij elkaar blijven. Sterker nog, mijn ouders zijn nu gescheiden. Ik ben veel gelukkiger nu, dan toen ze nog bij elkaar waren. Je denkt vaak vanuit je kind: wat doen we ze aan? Maar wat doe je ze eigenlijk aan, als je ongelukkig bij elkaar blijft?

Eigenlijk moet je soms vanuit je kind kijken naar jezelf. Het kind wil dat papa of mama gelukkig is en het mooiste leven leidt dat hij of zij kan leiden. Ook het kind zal dan gelukkig zijn. →

Juist als je als ouder niet gelukkig bent, kan je kind gaan overcompenseren. Toen mijn moeder niet gelukkig was, ging ik enorm overcompenseren. Voor een kind is dat een heel zware last. Het gebeurt vaak onbewust; je bent loyaal, je wilt dat je ouder gelukkig is. Voor het kind voelt dat niet per se als een keuze. Het is 'gewoon' wat kinderen doen, maar dat is wel heel zwaar. Ik vind het daarom ook heel mooi wat de leidsters zeiden over Willem. Hij lijkt dus veel gelukkiger, nu jullie uit elkaar zijn. Het enige wat een kind wil, is zijn ouders gelukkig zien. Ik heb dat als kind ook zo ervaren.

Merk je dat nu nog? Draag je het nu nog met je mee?

Onlangs heb ik een familieopstelling gedaan. Ik vond het een heel bijzondere ervaring, omdat je kijkt naar bepaalde gedragingen. Bijna alles is te herleiden naar de herkomst van je familie. Als je een thema in je leven opmerkt, kun je het herleiden naar vroeger. Vaak zoek je het bij jezelf, maar het ligt vaak buiten jezelf. In mijn familieopstelling kwam naar voren dat ik er altijd voor wil zorgen dat andere mensen blij waren. Ik gaf daarom soms teveel en het ging dan ten koste van mijn eigen energie. Dit is te herleiden naar de tijd dat mijn ouders nog bij elkaar waren en het niet goed met ze ging. Ik deed er alles aan om een blije ouder te hebben, maar dan ga je overcompenseren. Zelfs op mijn 31ste was ik nog steeds aan het overcompenseren. Dat is iets wat je je leven lang met je meedraagt, tenzij je ervoor kiest dat je een ander pad gaat bewandelen. In een familieopstelling word je je bewust van dit soort dingen en kan je er dus daadwerkelijk iets aan gaan doen. Anders zijn het patronen die je altijd mee zal blijven dragen.

Ja, en die draag je weer over aan jouw kinderen.

Precies, van generatie op generatie.

Ik denk dan ook dat het zo mooi is dat wij dit dan als moeders kunnen doorbreken voor onze kinderen, zodat zij dat niet hoeven te doen.

Is jouw positieve *mindset* er één die we onszelf kunnen aanleren?

Ik heb wel het gevoel dat niet iedereen van nature al even blij is en evenveel gelukshormonen heeft. Wel kan je echt goed leren omdenken in situaties. Stel: je bent een fotograaf, je hebt veel deadlines en je breekt plots je been. Vanwege je val kan je niet meer op je benen staan, dus je kan deze deadlines niet halen. Ik denk in zo'n situatie altijd: 'Je mag je echt wel slecht voelen, want het is echt heel vervelend dat je je been hebt gebroken en je mag er even om huilen en je verdriet voelen. Je moet wel die gevoelens toelaten.' Op een gegeven moment denk ik ook: 'Het been is al gebroken, we kunnen er niks aan veranderen, maar wat kunnen we nu wel met deze situatie? Misschien kan ik nu eens tot rust komen? Misschien kan ik nu eindelijk even al die boeken lezen? Misschien kan ik nu gaan kijken naar hoe ik dit soort financiële tegenvallers in de toekomst anders opvang of voorkom?' Uit elke situatie kun je gewoon wat leren. Als je dan een situatie omarmt, hoe slecht deze ook is, en je haalt er wat moois uit, dan ben je daarna weer rijker. Als je been weer genezen is, ben je weer een sterker persoon.

> **'Ik denk dat iedereen altijd wel iets heeft om dankbaar voor te zijn'**

Je was nota bene net zelf een prachtig voorbeeld hoe je een situatie kan omdenken.

Ik was dus een halfuur te laat bij jou. Ik was twee keer verkeerd gereden en elke keer kwam er een kwartier bij. Dus toen dacht ik: 'Wat balen, we hadden een heel strak schema en ik kom weer te laat.' Daarna dacht ik meteen: 'Merel, hoe kunnen we hier een positieve draai aan geven? Ik laat het los, ik kan toch niet sneller, dus ik kan nog even iets langer nadenken over wat ik in dit gesprek wil zeggen.' Op zo'n moment kan je op twee manieren binnenkomen. Je kunt gestrest arriveren en zeggen: 'Oh jongens, sorry, sorry dat ik te laat ben!' Vaak vindt men het dan nog erger, want dan benadruk je wat je slecht of fout doet. Je kunt ook zo binnenkomen: 'Ha! Ik ben er! Het is gelukt! Twee keer fout gereden, maar ik ben zo blij dat ik er nu ben. Ik heb er echt zin in en we gaan er wat van maken!' Ik gooi er wat positieve *vibes* in en dan heeft niemand meer door dat ik een half uurtje later was.

Je kunt dit op allerlei kleine situaties, de hele dag door, toepassen.

Ja, en daar word je heel blij van.

En je omgeving dus ook.

Precies.

Voel jij je dan weleens rot?

Ja. →

Wat doe je dan?

Nou, ik voel me dus echt best wel weinig vervelend. Als ik me dan zo voel, dan schrik ik daar echt even van, omdat ik het niet gewend ben van mezelf. Ik ga dan ook echt even die emotie voelen. Dan ga ik me nog wat slechter voelen en nog wat slechter. Vervolgens denk ik dan: 'Hoe kan ik mezelf weer blij maken?' Meestal zet ik mooie muziek op, of ik ga even dansen, of ik loop even naar buiten en ik ga even in de zon zitten. Of ik zet even mijn telefoon uit en ga weer terug naar mezelf. Vaak zijn het toch de dingen van buitenaf, waardoor je je zo voelt. Als ik dan weer weer even denk aan alles wat ik heb en waar ik dankbaar voor kan zijn, dan is dat gewoon ontzettend veel. Er is altijd wel iemand die het nog erger heeft, er gebeurt zoveel op de wereld. Ik denk dat iedereen altijd wel iets heeft om dankbaar voor te zijn.

Vaak gaan meer dingen goed dan slecht. Alleen ligt de focus vaak op wat niet goed gaat en dan moet je echt je *mind* aan het werk zetten om te zien wat wel goed gaat. Als je daar niet je best voor doet, dan kun je heel erg blijven hangen in het negatieve. Ik voel me ook echt niet altijd top. Sterker nog, ik heb heel vaak momenten... vooral als het op werkgebied te veel wordt, dan krijg ik complete errors in mijn hoofd. Als dan ook nog een van mijn kinderen de schoenen niet aan wil trekken of niet mee wil lopen...

Dan is het gewoon even allemaal teveel. Voor jou is het zo belangrijk dat je dan even zegt: 'Mama is even weg, mama is even *out*. Mama gaat naar een vriendin toe, ze gaat een wijntje drinken, want het is nu even teveel.' Uiteindelijk zorg je ook goed voor je gezin als je jezelf weer even oplaadt.

Merel heeft 10 basisregels opgesteld voor haar zoon. Ben je benieuwd welke dat zijn? *Luister Podcast* 📱

Wat ik bij jou ook zo inspirerend en leuk vind om te zien, is dat je naast je leven als moeder ook echt een eigen leven hebt. Hoe heb jij dit zo ingevuld?

Geluk moet je toch uit jezelf halen en daarom vind ik het belangrijk dat ik niet alleen maar moeder ben. Dat was ik het eerste jaar best wel, omdat Willem veel huilde en niet bij een oppas terechtkon. Ik merkte dat ik mezelf daarin verloor. Ik was opeens alleen nog maar 'mama'. Ik wist helemaal niet meer zo goed wie Merel was. Op een gegeven moment ben ik meer tijd voor mezelf gaan maken en ben ik weer dingen met vriendinnen gaan doen. In het begin voelde ik me daar zo schuldig over, maar ik werd daar zoveel blijer van en ik werd weer een leukere vrouw. Ik realiseerde me juist dat ik een goede moeder ben als ik Willem even bij de oppas breng en ik even wat voor mezelf ga doen. Ik kom namelijk weer veel blijer thuis. Je moet af en toe weer even in je eigen energie komen om die sterke vrouw die je bent te blijven en niet een soort van onderdanig te zijn aan je kinderen. Ik denk niet dat dat het leven is.

Jij vertelde me ooit iets moois. Kinderen kopiëren wat jij doet én kopiëren ook hoe jij in het leven staat. Als de kinderen elke keer zo'n leuke, vrolijke, blije mama zien die lekker haar ding doet en positief is, omdat ze veel energie heeft, dan is dat toch het mooiste voorbeeld dat je ze kunt geven?

Wat zou je Willem graag mee willen geven?
Ik hoop dat hij heel erg dicht bij zijn gevoel blijft. En ik hoop dat hij zijn eigen geluk altijd probeert te creëren en dat ook niet veel 'buiten' zoekt. Ik hoop dat hij een zelfverzekerd kindje wordt, of in ieder geval dat hij voldoende zeker is van zichzelf. Ik hoop dat hij oké is met wie hij is. Ik vind alles goed, als het maar van hem is. Als hij echt zichzelf kan zijn, zijn unieke hij, dan lijkt me dat heel mooi.

Wat zou je nog aan andere ouders mee willen geven?
Ik hoop dat ouders goed voor zichzelf zorgen en echt aandacht en tijd aan zichzelf geven en dicht bij zichzelf blijven. Als je aan jezelf werkt, bepaalt dat ook wie jij als moeder bent. Ik hoop dat ouders vooral goed voor zichzelf en niet te streng voor zichzelf zullen zijn. Hopelijk geven andere ouders zichzelf veel liefde en complimentjes. Ze doen het echt wel goed, want iedereen doet alles met een liefdevol hart. ∎

MOM,

YOU GOT THIS!

25 maart 2018

Als wij bewegen, beweegt de wereld met ons mee zei ik tijdens mijn gelofte tegen Willem. En dat is ook echt de manier waarop wij leven. Wij geloven erin: als wij één stap zetten, volgt de rest wel. Zo hadden we nog geen geschikt huis of 'vaste' baan toen we graag zwanger wilden worden. We kozen er bewust voor om niet eerst te trouwen, te wachten op een vast contract, een huis te kopen en vervolgens zwanger proberen te raken. We wilden dolgraag een kindje, dus ik stopte met de pil. Dit was de onze eerste stap en de wereld bewoog met ons mee... We kregen een klein huisje op onze droomlocatie in Amsterdam en boven mijn bestie (it couldn't be better met een kindje op komst), De Huismuts groeide uit tot mijn vaste baan en we trouwden vervolgens in het bijzijn van onze dochter. 'Maar hoe doen jullie het dan als Pip straks ouder is en meer ruimte nodig heeft in huis?' werd mij regelmatig gevraagd, voordat ze überhaupt was geboren (!). Problemen lossen we op als ze zich aandienen. And look at this now... De kleine baby is inmiddels uitgegroeid tot een peuterpuber en over een paar dagen krijgen we de gehele bovenverdieping boven ons huis erbij en krijgt dit meisje haar eigen grote meidenkamer.

Of jij je nu bevindt op je zolderkamer, in de Vinex-wijk, in de villawijk of op driehoog-achter, *you got this*.

Het was een confronterende ontdekking, toen ik er het afgelopen jaar achterkwam dat de grootte van mijn huis mij helemaal niet gelukkiger heeft gemaakt. Een meisjesdroom kwam uit met het volledig verbouwen en inrichten van mijn droomhuis. Nu zou ik écht gelukkig worden, toch? Maar in plaats van dat ik écht gelukkig werd, realiseerde ik mij dat ik al écht gelukkig was. Ik was in ons minihuisje in Amsterdam gelukkig, ik was in de vakantiebungalow waar we maanden hebben gewoond tijdens de verbouwing gelukkig en ik ben ook gelukkig in ons familiehuis. Maar gelukkiger? Dat ben ik niet geworden. Het is praktisch dat het wasrek nu 'uit het zicht' staat, het is handig dat de auto voor de deur staat en het is fijn dat we de kinderwagen naar binnen kunnen rollen en niet meer naar boven hoeven te tillen. Maar in plaats van het geluk dat *the next step* mij had moeten brengen, betekent het ook meer verantwoordelijkheid, meer geld dat eruit vliegt, meer huishoudelijke taken en minder vrije tijd, omdat er altijd iets te doen is in huis.

Het besef dat mijn geluk dus niet afhangt van de hoeveelheid vierkante meters waarop ik woon, maakt mij deels blij, maar anderzijds ook verdrietig. Al die twijfels die ik kreeg na meningen over ons kleine huisje op driehoog-achter in Amsterdam waren dus compleet zinloos. Dat vind ik, op z'n zachtst gezegd, zonde. Echt zó zonde. Via verschillende wegen kwam deze mening mij geregeld ter ore. Ondanks dat ik vrij stevig in mijn schoenen sta, begon ik onze trap naar boven bijna vervelend te vinden, omdat ik zo vaak hoorde hoe vervelend dat wel niet moest zijn. Ik begon te denken dat een tuin een *must* is, als je kinderen hebt, terwijl ik nu de knusse balkonsessies mis waarin Pip en ik tenten bouwden. Ik was heel gelukkig op die kleine 50m² driehoog-achter in Amsterdam. Ik wist het, *I made it* work, en tóch trok ik mijn eigen keuze weleens in twijfel. Nu weet ik dat mijn baby helemaal geen eigen kamer nodig had. Sterker nog, mijn baby had mij nodig, dus dat kamertje was wel het laatste waar ik haar een plezier mee deed. Voor mezelf hoefde ik het ook niet te doen, want van een goede nachtrust werd ik toch echt gelukkiger dan van dat kekke behang op haar 'kamertje'. Ik zet 'm tussen aanhalingstekens, want een échte eigen kamer had ze niet eens, omdat wij onze slaapkamer in tweeën hadden gesplitst door er een kast tussen te zetten. Zo maakten we aan de zijkant een doorgang. Die doorgang was net breed genoeg, zodat Pip haar hoofd niet stootte, als wij, met haar op de arm, van de ene naar de andere ruimte liepen. Ze stootte haar hoofdje nooit, of... bijna nooit.

> **'Groot geluk zit in jou, niet in de oppervlakte van je huis.'**

Groot geluk zit in jou, niet in de oppervlakte van je huis. Begrijp me niet verkeerd, ik ben heel blij met ons huis. Maar móchten er ooit andere tijden aanbreken, dan weet ik ook dat mijn geluk niet wordt bepaald door het dak waaronder ik met mijn gezin woon, maar door het feit dát ik er met mijn gezin woon. ∎

Last but not least...

Mooby app

Mooby is een app waar je alle foto's, video's, uitspraken, audioberichten en verhalen van je kinderen snel, makkelijk en veilig kunt bewaren. In deze app kan je ook fotoboeken maken. Alle bijzondere momenten, zowel de foto's als verhalen en uitspraken bundel je gemakkelijk vanuit de app in je fotoboek.

Iedere dag een schoolfoto

Hier ben ik laatst zelf mee begonnen. Iedere dag waarop Pip naar school gaat, maak ik een foto van haar. Niks bijzonders, gewoon snel één foto. Aan het eind van het schooljaar wil ik hier een klein fotoboek van laten maken. Om het overzicht te blijven bewaren, heb ik op mijn telefoon een map aangemaakt met 'Pip school' en hier zet ik direct de foto in.

Oh crappy pot training

Omdat wij niks speciaals hebben gedaan om Pip op het potje te laten gaan, heb ik hier (helaas) geen tips voor. Vanaf het moment dat we merkten dat zij aangaf dat ze een plas of poep in haar luier had gedaan, zijn we met het potje begonnen (ze was toen twee jaar en een beetje). We vertelden veel herhalen over waar het potje voor bedoeld is en we zetten haar er regelmatig op, zo boekten we al snel resultaat. Echt specifieke tips heb ik dus niet, maar ik heb het boek *Oh crap! Potty training* al vaker voorbij zien komen als tip op Instagram, dus hier moet wel iets goeds in staan. Op YouTube staan ook veel reviews over de *Oh crap! Potty* trainingsmethode.

Speen

Op internet vind je veel manieren waarop je samen met je kindje afscheid kunt nemen van de speen. Wij kozen ervoor om na onze vakantie op Mallorca de speen achter te laten in het vliegtuig, zodat het vliegtuig de speen naar een baby kon brengen die er geen heeft. Toen we het vliegtuig uitliepen, hebben we de speen uitgezwaaid en een goede reis gewenst. Wij zijn er dus *cold turkey* mee gestopt. Pip kreeg de speen alleen net voor bedtijd en tijdens het slapen, dus afbouwen was voor ons niet echt aan de orde. Mocht je er *cold turkey* mee willen stoppen, dan maakt het, denk ik, niet zoveel uit in welke vorm je het giet, als je maar afscheid van de speen neemt. Je kan de speen bijvoorbeeld ook in envelop stoppen en opsturen naar een ander kindje. Onze ervaring is dat er de eerste twee à drie dagen nog veel naar werd gevraagd, maar al in de eerste week zonder speen werd dit gauw minder.

1 second everyday

Dit is een 'videodagboek app'. Deze app laat je iedere dag één seconde vastleggen. Deze korte video's worden aan elkaar verbonden tot één film vol herinneringen. Het is bijzonder om zo bijvoorbeeld de eerste drie maanden van je baby vast te leggen.

Camping de Lievelinge is eigenzinnig, creatief en bijzonder, het is een plek waar niks moet en (bijna) alles mag. Het is een familiecamping in festivalsferen. Voor mij het beste van beide werelden dus. Je kijkt werkelijk je ogen uit. De camping verhuurt de bijzonderste bouwwerken als accommodatie en alleen dat al is een ware beleving. Waar slaap je nou in een omgebouwde schietsalon, een leeuwenwagen, een Engelse dubbeldekker of een oude schoolbus? Nou, hier dus!

HANG IN THERE

1. Visscher, M. (2019). Het commandocentrum van je baby: zijn zenuwstelsel. In Wat baby's nodig hebben (derde druk, p. 64). Kiind, Uitgeverij Noest, makers.
2. Sunderland M, The Science of Parenting; practical guidance on sleep, crying, play and building emotional well-being for life. London, Dorling Kindersley, 2006
3. Willekes, S. (2017a). Huilen. In Slaap! (vijfde druk, p. 121). Uitgeverij Unieboek | Het Spectrum bv, Amsterdam.
4. Tessier R, Cristo M, Velez S, et al. Kangaroo mother care and the bonding hypothesis. Pediatrics 1998; 102: e17.
5. R. Feldman, Maternal-preterm skin-to-skin contact enhances child physiologic organization and cognitive control across the first 10 years of life, Biological Psychiatry, 2014
6. Anisfeld E. Does infant carrying promote attachment? An experimental study of the effects of increased physical contact on the development of attachment, Child development 61 (1990): 1617-27
7. Willekes, S. (2017b). Slaap moet groeien. In Slaap! (vijfde druk, p. 52). Uitgeverij Unieboek | Het Spectrum bv, Amsterdam.
8. Willekes, S. (2017a). Huilen. In Slaap! (vijfde druk, p. 121). Uitgeverij Unieboek | Het Spectrum bv, Amsterdam.

POSITIVE PARENTING

1. Gunster, B. (2012). Lastig gedrag. In Lastige kinderen? heb jij even geluk: Vol. november 2017 (zevende druk, p. 30). A.W. Bruna Uitgevers B.V., Utrecht.
2. Montgomery, H. (2019). Grenzen en consequenties. In van peuter tot kleuter: uit de serie: de zeven stappen naar succesvol ouderschap (p. 76). A.W. Bruna Uitgevers B.V., Amsterdam.

HAP, HAP, HAP, SLOK, SLOK, SLOK

van den Heuvel, C., & van Haren, V. (2016). Easypeasy: een gezonde basis voor de allerkleinsten (vijfde druk). J.H. Gottmer/H.J.W. Becht BV.

BABY- EN KINDERGEBAREN

1. Zeviar, L. (2019). Introductie. In K. Soeting (Red.), Babygebaren, kindergebaren, iedereen kan gebaren!: Geef je baby en kind een stem: Vol. december 2019 (zesde, herziende druk, p. 17). A.W. Bruna Uitgevers B.V., Amsterdam.
2. Zeviar, L. (2019). Waarom baby- en kindergebaren gebruiken? In K. Soeting (Red.), Babygebaren, kindergebaren, iedereen kan gebaren!: Geef je baby en kind een stem: Vol. december 2019 (zesde, herziende druk, p. 23). A.W. Bruna Uitgevers B.V., Amsterdam.
3. Zeviar, L. (2019). Waarom baby- en kindergebaren gebruiken? In K. Soeting (Red.), Babygebaren, kindergebaren, iedereen kan gebaren!: Geef je baby en kind een stem: Vol. december 2019 (zesde, herziende druk, p. 27). A.W. Bruna Uitgevers B.V., Amsterdam.
4. Zeviar, L. (2019). Waarom baby- en kindergebaren gebruiken? In K. Soeting (Red.), Babygebaren, kindergebaren, iedereen kan gebaren!: Geef je baby en kind een stem: Vol. december 2019 (zesde, herziende druk, p. 28). A.W. Bruna Uitgevers B.V., Amsterdam.

the end

En dan zijn we aangekomen bij mijn slotwoord en gaat het doek bijna vallen. Dit bericht typ ik aan jullie in 'mijn notities' op mijn telefoon. Precies zoals ik een derde van mijn boek heb geschreven, haha. Zoals ik op mijn allereerste pagina al zei; 's nachts schrijf ik over de dromen die ik overdag heb. En ik héb toch veel getypt op mijn kleine iPhone-scherm. Ik kon mijn gedachtes die ik met jullie wilde delen zo kraakhelder horen. Ik denk echt dat ik alles heb gezegd en heb gedeeld wat ik wilde delen. Ik hoop dat ik je heb kunnen laten lachen, wat herkenning en hopelijk ook wat inspiratie heb kunnen bieden, mede dankzij de geweldige vrouwen die ik heb mogen interviewen.

Ik ben extreem dankbaar dat het boek er überhaupt is gekomen en daarom spreek ik mijn dank uit naar een aantal personen die dit mogelijk hebben gemaakt.

Allereerst, dankjewel, mijn allergrootste liefde Willem. Zonder jou was dit niet mogelijk geweest. Jij hebt je werkzaamheden neergelegd, zodat ik dag en nacht (letterlijk) aan mijn boek kon werken. Je hebt geen idee hoe groot je kracht achter dit boek is. Je hebt er dan wel geen letter voor op papier gezet, maar jij hebt het mogelijk gemaakt dat ik dat wél kon doen. Jij bent de aanvoerder van ons team en daar ben ik je iedere dag dankbaar voor. Dankjewel, lief.

JIJ bedankt. Dankjewel dat je mijn boek hebt gelezen. Dankjewel voor je vertrouwen. Ik ben vereerd dat je mijn gedachtes hebt willen lezen, heel erg vereerd.

Lieve Riri, mijn lieve Rianne. Met jouw vormgeving heb je mijn woorden tot leven laten komen. Jouw precisie, doorzettingsvermogen en creativiteit inspireren mij enorm. Ik hoop dat dit pas het begin is van al het moois dat we in de toekomst nog gaan maken.

Lieve Merel, jij was degene met wie ik jaren geleden voor het eerst over mijn boek sprak. Je bent een feest om mee te werken, je hebt een energie waar iedereen bij wil zijn en ik ben er supertrots op dat je samen met Rianne mijn boek hebt uitgegeven. *Keep up the good work, babe!*

Oh Robin, wat kan je niet? Je hebt zoveel geregeld! Van mooie publicaties in de pers tot het regelen van de gehele lancering. Diepe buiging voor jouw *work ethic!*

FOTOGRAFIE KIM KRIJNEN

Sophie, dankjewel dat je met zoveel enthousiasme mijn teksten hebt gecontroleerd. Ik kan en wil nooit meer zonder je!

Lieve Marilyn, al jaren werken we samen en ook voor dit boek heb je de allermooiste foto's geschoten. Je bent heel bijzonder, zowel als persoon als in je vak! Ik bewonder je.

Dank jullie wel, lieve Melanie, Lou, Susanne, Marjolein, Emmy en Merel voor jullie prachtige inzichten. Dankzij jullie openhartigheid en wijsheid is het boek zó waardevol voor iedere moeder. Dank!

Dank jullie wel, leuke Elena, Nina, Jennifer, Iris, Mei Fang, Merel, Annelijn, Maaike en Fleur voor het kijkje in jullie prachtige kinderkamers!

Dankjewel, mijn lieve moeder Tanja en mijn lieve schoonmoeder Marijke voor de bijdrage aan de recepten.

Dankjewel, mijn lieve papa, mama en zus voor jullie support!!

En dankjewel, mijn allerliefste kinderen; Pip en Rosie. Jullie zijn mijn grootste *drive* om van het leven een feestje te maken. Met én af en toe ook zonder jullie ;-) I LOVE YOU!

Ik heb dit boek met zoveel liefde gemaakt. Ik hoop dat je het hebt gevoeld.

Doe waar je gelukkig van wordt, daar wordt je gezin ook gelukkig van.

YOU GOT THIS! ∎

colofon

eerste uitgave, november 2020

auteur
RACHEL VAN SAS

design
RIANNE SCHAAP

fotografie
MARILYN BARTMAN

eindredactie
SOPHIE RAAIJMAKERS-RIETBROEK

met dank aan
SUZANNE ARBEID, AALDRIK BAKKER, LIEFSTE FASHION, NATALIE VAN GELDER, VILLA NICOLA, EMMA PEIJNENBURG, KIM VERHAGEN-DE BOER

uitgever
TRUE COLORS PUBLISHER

isbn
978-9-0831-0770-7

www.dehuismuts.com

Volg mij op Instagram 📱